对体罚说"不":关爱每个孩子健康成长

李跃进　著

湖南大学出版社

目录

第一章
教育惩戒的历史与现状

第一节　教育惩戒与体罚

一、认识教育惩戒

由字面理解，"惩"即处罚，是手段；"戒"即警戒，是目的，二者共同发生作用。教育惩戒就是运用教育中的惩戒，对违规学生进行处罚，从而达到让其引以为戒的目的。

二、教育惩戒的特征

教育惩戒以教育为前提，以惩罚为手段，以不损伤学生的身体为原则，以尽量减少或不再出现要"戒"的行为为结果。其主要特征就是处罚性、教育性、安全性。

三、教育惩戒的类型

（1）按惩戒的实施主体来划分，可分为学校惩戒和教师个人惩戒。前者通常是以学校或校长的名义发出，代表一所学校或该校的教师群体对犯错误的学生实施的惩罚。学校通常用的惩罚为警告、预警告、记过、留校察看、转移学习环境、开除学籍等处分。后者是教育的个体行为，是任课教师或班主任对犯错误的学生实施的处罚举动。如批评、责令写检讨、罚背课文、罚站、罚值日等。

（2）按惩戒的实施的主体角度不同，可分为自我惩戒和他人惩戒两种。学生对自己的惩戒是自我惩戒，目前这种惩戒也逐渐多了起来。父母、老师对其实施的惩戒就是他人惩戒。

（3）按惩戒实施的方式，可分为精神惩戒和行为惩戒两种。如对学生精神的处罚：批评、记过、通报等属于精神惩戒范畴，而对学生的行为实施限制如罚站或剥夺其某项权利等就属于行为惩戒范畴。

除以上三种外，教育惩戒还可以按其实施时间，可分为及时惩戒和延时惩戒；按其实施程度，可分为适度惩戒和过分惩戒；按其实施的方式又分为直接惩戒和间接惩戒。

四、认识体罚

1. 概念

"体罚"就是通过对人身体的责罚，特别是造成疼痛，以此来进行惩罚教育的行为。

2. 体罚的特点

罚跪、鞭打、蹲马步、操场蛙跳，不让吃饭等"肉体"类处罚，其结果是引起精神和肉体的双层痛苦，尤其是肉体的痛苦。处罚性和伤害性是其显著特点。

3. 体罚的种类

因其对象主要是青少年，故其种类一般限定在家庭内部和外部，前者由父母实施，后者由教师实施。

4. 教育惩戒和体罚有着本质的区别

（1）目的不同：教育惩戒的目的是让学生真正认识错误，从而悔过自新，今后"不愿"犯错；体罚则侧重于让学生受皮肉之苦，对犯错误产生畏惧心理，从而"不敢"再犯。

（2）程度不同：教育惩戒对学生的肉体和精神没有伤害，纯粹是一种教育性管理方式。体罚则对学生身心（肉体和精神）造成双重损害，是一种损害学生身心健康的管教方式。

（3）手段不同：教育惩戒中的"罚"是一种学生心理上能完全接受的适可而止的罚；体罚则是一种不易控制尺度的罚，是造成学生心理上恐惧的罚。

（4）效果不同：教育惩戒可以让犯错误的学生达到心服口服的效果，让学生发自内心地认识到自己的错误，从而产生主动改正的意愿。体罚则只能让学生一时改变，而且是被动地改变，学生随时可以重犯"旧"错误，甚至激起其内心强烈的报复心理，从而犯下更加严重的错误。

第二节　教育惩戒的发展历史

教育惩戒应与教育同时产生。纵览教育惩戒的历史进程，一般是三个阶段。

一、体罚为主的时期

国外：古希腊和古埃及，对学生体罚十分严厉。古希腊的斯巴达人的教育目的是培养能征善战的军人，所以学生一旦违纪就施以鞭挞甚至处以死刑。古埃及常用"用心念书，不要把白天玩掉，否则，你的身体就要吃苦"等话语告诫学生。

国内：产生于奴隶制国家诞生的前夕，至少有 6000 多年的历史了。儿童在棍棒体罚的威胁下，学习算术。"戒尺"的流传足以证明"体罚"的工具是由惩戒学生的树条（夏、楚时代）演变而成"戒尺"的可能性。

二、合理实施惩戒时期

文艺复兴后，人文主义思想家提倡思想自由、追求平等、崇尚理性、尊重儿童、反对体罚。捷克大教育家夸美纽斯提出"严格的纪律是必备的"，但学校不应该"充满呼号与鞭挞的声音"。要求人们注意惩戒的目的，即重在让学生"戒"上。在这种呼声中，关于教育惩戒出现了两种对立的主张。

1. 温和惩戒，合理施罚

赫尔巴特指出："谁耽误了时间，谁就没有资格享受；谁不节制，谁就得到苦药；谁讲话，谁就被逐出教室，到那种每个人都听不到他讲话的地方。这种惩罚可以起到使人吃一堑长一智的作用。在这方面作用大小往往是无法预料的，但无论如何可以给人留下有益的回忆。"他主张教育和管理是密切结合的，管理是教育的一根粗绳,教师必须"坚强而温和地"抓住它,才可以使存在儿童身上的那些"不驯服的烈性""盲目冲动的种子"及"恣意放纵"的情感得到束缚。康德则认为:作为一个社会人必须服从社会的规定,如果儿童出现不服从行为,就要受到惩戒,其目的就是要消除儿童的野性。同时强调,对儿童身体的惩戒要小心对待,不可因此而扭曲了儿童的心灵,使之形成奴隶性格。洛克反对给儿童较重的惩罚,但同时认为惩罚必须存在。

2. 绝对尊重,决不体罚

古罗马的昆体良、法国资产阶级启蒙运动的重要思想家卢梭、俄国的乌申斯基等人提倡绝对尊重学生,不能体罚。苏霍姆林斯基亦认为:"惩罚,特别是其正当性大可怀疑的惩罚,会使人的心灵变得粗野、残暴,一个在儿童时代遭受过惩罚的人,少年时代就不会害怕什么儿童收容所、法庭、劳教所。"近代教育家杜威也说过:"儿童是一个人,他必须或者像一个整体统一的人那样过他的生活,或者忍受失败和引起摩擦。""儿童必须接受有关领导力的教育,也必须接受有关服从的教育。"

这一时期出现的种种观点,尽管态度不同,但其共性是:教育需要惩戒,但要适度,要在尊重儿童权利的同时,合理运用惩戒。

三、法律规范时期

19 世纪中叶,儿童权利运动逐渐兴起:体罚在各国被废除。波兰、卢森堡、荷兰、奥地利和法国以法律的形式将体罚废除。

进入 20 世纪,保护儿童权利运动发展更快,废除体罚、改进学校教育惩戒方式的呼声越来越高,85%以上的国家在法律上禁止体罚学生。体罚不再是合理的教育惩戒。

附：当前各国教育惩戒的现状

美　国

违纪行为	一般惩处	特殊惩处
扰乱课堂秩序； 考试作弊； 迟到、早退； 不做家庭作业； 拒绝服从老师的指导； 乱扔杂物	给家长打电话； 　罚站（教室、教师办公室）； 　不让参加课外活动； 　罚早到校或晚离校； 　勒令离开教室 10～30 分钟（最高 30 分钟）； 　罚星期六来校读书	无
殴打教师； 往学校带下流作品和图片； 骂人、争吵和打架； 对教师的侮辱行为		有家长签字，有证人在场的体罚，但不能造成身体的明显伤害
行为有损于学校的学术风气； 行为使师生处于危险当中； 损坏学校财物、损坏私有财物； 拥有携带武器或危险的器械； 享用和拥有烟草； 赌博、偷盗、勒索； 违反穿着规定； 携带毒品入校		停课（针对一些严重违纪，但次数不能多，如果多次有此行为，就要被开除），停课时间一般不超过 10 天
严重违反学校的规章制度； 存在犯罪事实		开除时间可以是 1/4 个学期、一个学期、一年或永远开除。主要针对有破坏性学生或有严重违纪行为的学生

英　国

(1989 年之前，体罚是被允许的，但要求具有 3 年以上教师资格方可实行。对年龄在 8 岁以下的儿童禁止体罚)

违纪行为	一般惩处	特殊惩处
携带不适合物品：手机或音乐播放器； 上学或放学路上表现不好； 不守规矩； 无故旷课	照单没收； 　放学后或周六留校处置； 室外立正反思、罚写作文； 严厉批评，让校长惩戒、停学等	去惩戒室接受教育； 　对其父母处以 5000 英镑以下的罚款

韩　国

(1998 年明确禁止体罚学生)

违纪行为	一般惩处	特殊惩处
上课讲小话、不用心听讲； 作业不能按时完成； 违反学校规章制度； 追逐、骂人、打架； 考试作弊；	教师不能用手直接对学生进行惩罚，实施惩罚时要避开其他学生	教师使用厚度 1 厘米左右、长度为 50 厘米的戒尺来惩罚学生。可打手心、屁股等脂肪丰富的地方； 　对女生打小腿 5 下，对男生打小腿 10 下； 　教师还可以采取其他不对学生肉体产生伤害的惩罚措施，如罚站等

德　国

（禁止体罚，如果对学生体罚，则满足了伤害罪的构成要件，要追究老师的刑事责任）

违纪行为	一般惩处	特殊惩处
15 岁女中学生经常逃课。课外游荡；重大违纪事件		判 15 岁女中学生入狱 2 周，其父母要缴纳罚款；对重大违纪事件，惩戒相当严厉

澳大利亚

违纪行为	一般惩处	一般惩处
违反校纪校规	请到警戒室，由专门教师执行，如赔礼道歉或写检查	
严重违反校纪校规		开除或送到特殊学校
不按要求做到位，如早起叠被不合要求等		3 次没有叠好，周六就要去农场参加劳动

新加坡

违纪行为	一般惩处	特殊惩处
升旗必须唱国歌并宣读誓言； 学生必须遵从师长和班长的指示； 学生上学、上课必须准时； 学生必须穿规定的校服且保持整洁； 学生不可留胡子、纹身或化妆、佩戴首饰； 学生只有在食堂里才能吃东西； 爱护校产、保持校园整洁； 学生在走廊上应保持安静； 学生不可带酒、香烟、口香糖或任何内容不当的书籍到学校来； 学校严禁偷窃、打架、勒索等行为	学校设立纪律委员会； 电脑记录学校违纪问题并系统化分析； 允许授权教师（当事教师除外）鞭打学生； 警方协助校方对付滋事分子及少年罪犯； 全国3年内推行辅导计划，培养学生成为尽责、守法和有爱心的公民	鞭打学生只有校长或校长委托训育主任才可以执行。主要对违法乱纪、屡教不改及影响恶劣的学生； 鞭打只限于男生（鞭子是一根手指粗细的树枝。身体状态不好的不能鞭打），只打3下且在学生的臀部和手掌心； 女生的自尊心要格外维护，绝对不对女生施以鞭打； 执行鞭打之前，教师要在鞭打的部位垫上一本厚书，经过反复察看确认安全后方可动手

日 本
（"二战"后禁止体罚，执行"宽松教育"）

违纪行为	以前处罚	现在要求
上课偷懒或闹事	不让学生进入教室，把学生赶出教室	不可将学生赶出教室，在教室里让学生罚站，不得超过规定的时间
迟到或怠惰	增加值日次数，差别待遇或过分逼迫其按要求做到位	仅允许增加值日次数

违纪行为	以前处罚	现在要求
偷窃或破坏他人物品	让学生写自白书和供词	给予警告（在不造成体罚的范围内进行），放学后将学生留校，但必须通知家长，不得让学生写自白书和供词

第三节　我国教育惩戒的现状

惩戒是我们每一位一线老师不得不面对的沉重而尴尬的话题。说它沉重，是因为在很多教师眼中惩戒往往跟体罚和侵害有着说不清、道不明的关系。说它尴尬，是许多教师在教育学生中使用过惩戒手段，但在介绍其成功的经验时，却羞于开口或恐遭口诛笔伐。其实惩戒与体罚是两条道上跑的车，走的不是一条道。我国是禁止体罚学生的国家之一。在法律条义中对体罚学生做了明确的规定：

《中华人民共和国未成年人保护法》第二十一条，学校、幼儿园、托儿所的教职员工应当尊重未成年人的人格尊严，不得对未成年人实施体罚、变相体罚或者其他侮辱人格尊严的行为。

《义务教育法》第二十九条，教师在教育教学中应当平等对待学生，关注学生的个体差异，因材施教，促进学生的充分发展。

教师应当尊重学生的人格，不得歧视学生，不得对学生实施体罚、变相体罚或者其他侮辱人格尊严的行为，不得侵犯学生合法权益。

《中小学班主任工作规定》第十六条，班主任在日常教育教学管理中，有采取适当方式对学生进行批评教育的权利。

但在执行文件精神、规范自己的教育、教学管理行为中，愈行愈远，造成了不可估量的损失。

2007 年海南大学的一项调查显示，中国 66.4%的人受过老师体罚。联合国"儿童暴力全球调研项目"曾在北京、广东、陕西、湖北、浙江、黑龙江六省市对大中专学生采取"回顾 16 岁前的经历"的形式，展开儿童暴力的问题调查，数据表明，69.8%的人曾在小学受到过老师的体罚，在初中受到体罚的比例为 31%。

社会对老师的体罚总体上持理解态度。对罚作业、罚站、罚放学后留校反思等轻微体罚，家长基本上没有异议，并认为老师严格规训有助于学生进步。

学校同样认为，严格要求学生的教师是对学生、家长及社会的负责，是优秀教师的必要条件。

海南大学的调查显示，即便老师体罚造成学生身体和精神上的一定伤害，也有近 60%的父母知情后采取默认态度，"到学校讨说法"的只有 28.4%。

事实上，适度"体罚"的教育效果确实是难以替代的。日本在"二战"后一度禁止学校对学生施行体罚，甚至将课堂上喧哗的学生逐出教室也归入"体罚"，但"宽松教育"效果却令人担忧。

据日本统计，2004 年由小学生制造的校内暴力事件多达 1890 件，比上次调查增加了 18.1%。更令人不安的是，不仅小学生之间的暴力事件有所增加，小学生对老师实施暴力的事件也多达 336 起，比上次调查增加了 32%。鉴于此，2007 年年初，日本政府教育改革会议向时任首相提出了一份容许学校施行体罚建议报告，首相对建议内容表示大力支持。

而在中国，体罚可不只是"打屁股"，我们常常可以在媒体上看到有学生被老师打得皮开肉绽，甚至有学生因此死亡。有时候体罚本身虽未让学生身体受损，但心灵创伤却仍会酿成悲剧。就在最近，四川和北京两地接连发生两起学生因体罚而跳楼自杀的事件。

在中国惩罚（体罚）的主要来源有两个，一个是学生家长，但近几年来，家长体罚孩子的现象明显下降；另一个就是教育机构的人员，他们为了达到某种目的，总是"千方百计"地压服学生，结果适得其反，造成了不可挽回的损失。目前体罚的现状主要分两大类，一类是刺伤心灵的语言类惩罚；另一类为刺伤肉体的行为类惩罚。

一、语言类惩罚

只要有教育，只要"片面追求"教育质量，就有各种各样的"话语"对"学困生"进行无情的心灵"伤害"，最常见的刺伤性话语如下：

（1）你这个木脑壳，死里死气，你这样下去，就会变男生—难生—烂生。（对女孩子）

（2）上课不听讲，迟早是个没有用的人。（对上课折纸的同学）

（3）你这个马大哈。

（4）你这个铁公鸡。

（5）如果你是大便，别人会不会喜欢你？如果你是别人喜欢的东西，别人一定会喜欢你。

（6）屁都晓不得臭的东西。

（7）你这个猪头。

（8）你连猪狗都不如，你天生下来就有这么蠢呀？

（9）什么狗屁学生，像你这样的学生，只有吃鸭蛋。

（10）你一点事也不知道做，连别人的脚趾头都不如。

（11）你这个蠢子，这么简单的问题都不知道。

（12）你们这些学生总是以烂买烂。

（13）懒人屎尿多，没有也要屙。

（14）你脑子进水了呀，考得这么差。

（15）你是不是有病呀！

（16）做作、娇气，一天到晚就只知道哭。

（17）你是兔子尾巴——长不了。

（18）你们是不是猪、王八？连这点东西都不懂。

（19）吃饱了撑的，笨蛋。

（20）什么是数学，你们不会的就是数学。

（21）读书是勤奋和智慧的结晶。你们这帮人，勤奋约等于零，智慧等于零，加起来一起恒等于零。

（22）我跟你们说，你们考上重点学校的机会和我坐火箭游太空的机会是一样的。

（23）傻瓜年年有，今年特别多。

（24）把你们教好，那是一项成果，我马上可以调到中科院去。

（25）教你们这群人我至少要少活五年。

（26）你知道什么是天灾人祸吗？天灾就是你天生智商低，人祸就是你后天不努力。

（27）现在发展节奏这么快，像你们这么懒，吃便都赶不上热的。

（28）你再说话就给我滚出去。

（29）你的脸比城墙拐角还厚。

（30）尽是些烂肉。

（31）用汉字骂你们都是糟蹋汉字了。

（32）你们是一对一的猪。

（33）上课乱动，我一脚踢死你。

（34）智商低得吓人。

（35）你这种学生，天理、地理都难容。

（36）这题选错的同学，我强烈建议你立即下沉到地底。

（37）你声音这么小，你不该来这儿，你应该去聋哑学校。

（38）你是一头没有尾巴的猪。

（39）你们就是一群木木，三年后就成了朽木。

（40）你们别看，都半斤八两，乌龟看王八，王八对绿豆。

（41）见过蠢的，没见过你这么蠢的。

（42）我现在就是对牛弹琴，看你一眼，算是抬举你了。

（43）你再笑，再笑，老子一巴掌拍死你。你还在乱喊，信不信老子锤死你。

（44）男生不是住六楼吗？应该没有蚊子吧！蚊子飞不到这么高，它飞不上去的。

（45）某某分数能考这么高，他走到哪里，老子就爬到哪儿。

（46）快动脑啊，就是一头猪也能得出结论啊！

（47）吊死鬼打粉插花——死不要脸。

（48）阎王出告示——鬼话连篇。

（49）菩萨的胸怀——没有心肝。

（50）肉锅里煮汤圆——荤（浑）蛋。

（51）范进中举——装疯卖傻。

（52）茅厕里题诗——臭秀才。

（53）一二三四五六七——忘（王）八。

（54）一个耳朵大，一个耳朵小——猪狗养的。

（55）元宵滚进锅里——混蛋一个。

（56）五百钱分两下——二百五。

（57）牛屎虫搬家——滚蛋。

（58）二十一天不出鸡——坏蛋。

（59）有大哥有二弟——你算老几。

（60）芝麻地里撒黄豆——杂种。

（61）披着狗皮——不是人。

（62）茅房里打灯笼——照屎（找死）。

二、行为类惩罚现象

体罚是指通过对人身体的责罚，特别是造成疼痛而进行惩罚教育的行为。

头部：顶砖、拧耳朵、扇耳光、抓头发、面壁思过、拧脸蛋。

颈部：抓衣领拖人、捏拿颈后部肌肉。

手部：打手板心，与他人对打，自己扇自己的耳光，打手背，双手抱头下蹲，掌掴自己和他人，抄课文、默写《日常行为规范》。

臀部：打屁股、踢屁股、针刺屁股。

腿脚：蛙跳（平地几十步、楼道一至五楼）、罚站、站马步、被脚踢、跑步、打大腿、打脚心、针刺脚心、罚跪、做俯卧撑、仰卧起坐、跪着写作业等。

其他：扔书、丢书包、丢课桌。

三、惩罚的典型事例

1. 幼儿园

（1）浙江省义乌市某幼儿园老师，因为小孩不肯睡觉，竟施以棍棒，将6岁男孩曹杰（化名）的脸部和耳朵打伤，孩子的脸上被打出了4道痕迹，右耳被打肿。

(2) 深圳一幼儿园老师体罚幼童，笔尖戳脚心，逼喝粉笔水，原因是孩子不肯睡午觉。

(3) 台州温岭90后女幼师颜某虐待儿童。

(4) 5岁女童因答不出问题被教师踢下身。

(5) 3岁幼童因不听老师的话生殖器被扎伤。

(6) 苏州某幼儿园，幼儿饭前讲话，教师让30名幼儿自搧嘴巴。

(7) 近日，一张满身伤痕的男孩背景照在网上流传，这个男孩名叫小杰，才5岁，在金华某幼儿园上学。照片中的小杰身上有过百处伤痕，有的是被衣架打的，有的看上去像是被脚踢的，令人震惊。同样令人震惊的是，施暴者是一名年仅17岁的实习老师。

据查，小杰被打，仅仅是因为他尿床。一个5岁的孩子，无论他干了什么事，放在任何一种文化背景中都不该遭受老师如此毒辣的体罚，这是常识。

2. 小学

(1) 班主任老师把泡泡糖黏在一年级3班的女生头发上。

(2) 林老师因一个8岁学生作业未按时写完，竟打伤了这个学生的右眼。

(3) 卢老师因一个9岁男孩作业未做完掌掴其致危伤。

(4) 一体育老师因一个三年级8岁男孩调皮，将该生绑在树上。

(5) 一年级男孩因乱丢纸屑被班主任罚吃垃圾。

(6) 二年级7岁女孩因"违反纪律"被班主任罚脱裤子。

(7) 河北曲周县侯村镇某小学，今年19岁毕业于一幼儿师范学校的刘某某，在3月19日上午第一节课时便让41名学生全部站着上课，不允许写字，第二节课更为离谱，竟让学生伸出手，而她利用削铅笔的小刀子划孩子的手心。刚开始，她还是用刀背，但第二个开始，改用刀锋，在每个学生的掌心用削铅笔刀划伤出血，全班顿时哭声一片……

(8) 云南玉溪市北城镇某小学，发生了一起罕见的教师体罚学生并强迫学生吞吃苍蝇的恶性事件。

(9) 一小学四年级老师对不听话的学生、不写作业的学生，就罚他去黑板上挂着，可黑板的边一共才5厘米宽左右，很有可能摔下来。

3. 中学

（1）安徽 7 名学生因打架被集体罚跪操场 1 小时。

（2）据《楚天金报》及荆楚网消息：上课讲小话、做小动作、扫地逃跑罚款 5 元；上课看课外书罚款 50 元；考试最后一名要罚款 500 元。荆州市南门一所重点中学某高中班主任"以罚代管"：一年多来，同学们罚款近 6000 元。她称"你们想旷课迟到，2000 元包年我不管你。市场经济条件下犯错误了就要付出代价"。全班 50 人被罚理由五花八门。

（3）某班主任用纸和笔写上"不要脸座位"贴在学生的座位上用以惩处学生。

（4）2012 年 10 月份，军训刚刚结束，某农村学校七年级的一个班上，学生一上自习课就乱哄哄的，班主任说了好几次，都没有效果。"没有一点威慑力还是不行啊"。班主任火了，随即要求全班学生到操场上站军姿。谁料到十分钟左右，一名男同学突然倒下，脸色发白，怎么喊都不应声。班主任当场就吓出了一身冷汗，背起学生马上往附近的诊所跑，医生连忙掐人中、摸脉搏、听心跳，学生醒来后被连喂了两杯糖水，休息了半个多小时才有所恢复。"现在想起来后怕，以后我再也不敢随便惩罚学生了。"惩罚学生的班主任如是说。

四、体罚的恶果

1. 受到老师批评后报复杀人

新华网重庆频道讯　据《重庆时报》报道，15 岁的霍四（化名）是江北某子弟学校学生，2004 年年底，霍四上课睡觉，被正在上课的谢老师请出了教室，谢老师还在走廊上对其进行了教育。霍四对老师的批评教育十分不满，当场打了谢老师两耳光。得知妈妈被打，谢老师的儿子非常气愤，找到霍四就打了他两耳光，为妈妈出气。去年 11 月 9 日，一直怀恨在心的霍四，邀约社会青年陈路等人，携带钢管、尖刀来到学校，准备对老师一家进行报复。但在学校内没有找到老师，于是两人一同来到离学校不远处的游戏厅玩耍，一边打游戏一边大声聊他们的"报复计划"。在一旁玩耍的曾勇也毕业于该校，也曾是谢老师的学生。当他听到霍四、陈路两人的"计划"后，很是气愤，便大声对霍四等人说："哪个恁大胆子，敢打老师？"。正在气头上的霍四见有人来"出头"，便将气撒在曾勇身上，对其一顿毒打。打斗中，陈路持尖刀对曾勇猛刺四刀，曾勇当场死亡。在该市一中院，曾勇的母亲坐在原告席上一言不发，她的代理律师提出了 19 万余元的赔偿金，但被告方向法院提出要商量一下。休庭五分钟重新开庭后，两被告只愿赔偿共计 7 万余元的损失。此时，一直沉默的曾母大声回答："你们杀死我唯一的独生儿子，根本没资格就死亡赔偿金讨价还价，现在你们说什么我都不答应，钱我不要了！"调解失败后，法官宣布择日宣判。

2. 为报复老师入室偷盗

林某、梅某是青岛某职业学院 2007 级学生。2008 年 10 月 12 日晚上，林某、梅某违背学院的规定，晚上熄灯后仍在宿舍里玩手机，被值班张老师没收了手机。林某、梅某很愤怒，决定把手机偷回来，然后再向张老师讨要手机，以此进行报复。随后，他们撬窗进入张老师办公室，偷走了张老师没收的 45 部手机。7 日，林某、梅某因涉嫌盗窃罪被胶南市公安局移送检察机关审查起诉。（摘自《半岛都市报》，2007-12-8）

3. 18 岁学生迟到挨批评，报复老师杀死其子

10 月 5 日是彬县范公中学国庆长假后补课的第一天，当晚 9 时许，林老师躺在宿舍看电视，12 岁的儿子明明（化名）在屋里玩耍。这时，该校 18 岁的高三学生赵东（化名）叫走了明明。没想到此后林老师和他的儿子竟阴阳相隔。

明明是被赵东绑架后杀害，并抛尸枯井，而绑架杀人的起因很简单：赵东因迟到被林老师批评，就是为了报复老师！

彬县公安局刑警大队一中副中队长孙群安说，赵东让别的孩子叫出明明后，走到校门口才告诉明明："是我找你有事。"他带着明明准备去校外租住房，但明明说要回家，赵东一把拉了明明的胳膊，并给林老师打电话。

当晚已过 10 时，林老师还不见儿子归来，便到处找明明。当他接到赵东的电话后，赵东用普通话告诉他："明天早上 6 点拿 18 万元，如果报警，我就杀了你娃！"

听到这话，林老师立即问道："你是不是赵东?"此时，明明拼命反抗，赵东挂掉了电话。

意识到明明被赵东绑架，大家一边寻找赵东，一边向警方报案。范公中学的几位老师最后在打通赵东父亲的电话后，才于 10 月 6 日凌晨 6 时找到赵东的住处。刚刚脱衣睡下的赵东，被老师们叫到学校，并交给民警。

据赵东交代，就在他给林老师打电话索要 18 万元赎金时，明明的拼命挣扎让他挂掉了电话。夜色中害怕被人听见，赵东一手卡住明明的咽喉，一手捂住明明的嘴，直到明明没有了一点气息。惊惶失措的他将明明的尸体抛在路边的荒草地上后逃离现场。

在逃离现场后，恐惧中的他决定去上网，但坐在网吧的电脑前，脑海中一直是明明的影子。思前想后，赵东想到明明的尸体就在路边的草丛中，会被路人发现，他又抛尸枯井中。

赵东交代，他杀人的动机是为了报复批评他的林老师。因为有一次他上学迟到，与门卫发生争吵。门卫叫来了主管高三年级的林老师，身为年级组长的林老师批评了他，要求他向门卫道歉，并要求其写出书面检查。当天下午，赵东勉强向门卫道歉，但怨恨起林老师，他认为这都是林老师给自己找事。还有一次，赵东因为迟到，学校通知家长，他的父亲来到学校后，当着老师的面，赵东顶撞父亲，林老师对赵东的父亲说，如果这样，你把孩子领回家。

不久前，准备到老师办公室请教问题的赵东碰见林老师，林老师问赵东："干啥去？""问个题。"林老师随口说："怕是又去请假吧？"这句话一下子勾起了赵东以前的怨恨，他决定实施报复，经过两周周密准备，10 月 5 日，他将罪恶的手伸向林老师 12 岁的孩子。

4. 学生怀恨报复老师，逃逸半年异地被擒

因为怀疑老师造成自己被退学，怀恨在心的学生便在黑夜中将老师摔翻在地。近日，潜逃异地半年的犯罪嫌疑人姚某被警方抓获并从江苏押解回乐山。

5 月 23 日晚，乐山犍为县某中学老师王某在下班骑自行车回家途中被一男子从自行车上拦腰抱住摔下来，导致其受伤。该男子随即逃走，王某向 110 指挥中心报了警。经警方侦查，犯罪嫌疑人锁定为犍为县某中学前高三学生姚某。姚某曾因违反校纪校规被校方劝退。案发后，姚某已逃匿异地。警方随后对其进行了网上追缉。近日，犯罪嫌疑人姚某在江苏省无锡市锡山区某乡镇被无锡警方抓获。犯罪嫌疑人姚某供称，其被校方劝退后，认为是王某在"整"他，于 5 月 23 日晚上在王某下班回家的路上对其进行了报复。目前，犯罪嫌疑人姚某已被刑事拘留。

5. 两名高三学生为报复老师疯狂盗窃学校 33 间宿舍

两名高三学生，临近高考，却因打扑克、迟到被老师停课一周，为报复老师而疯狂盗窃学校 33 间宿舍。两人被内蒙古赤峰市松山区检察院提起公诉。

18 周岁的侯某、17 周岁的刘某系赤峰市某高中高三年级学生，2013 年 4 月 19 日，两人因打扑克、迟到被老师做停课一周处理。因高考临近，两人却被停课，一方面担心影响高考，另一方面不知道回家如何向家长交代，二人心烦气躁，对学校及老师产生强烈的不满情绪。4 月 20 日，侯某提出到学生公寓里偷东西，给学校领导找点麻烦，报复报复老师，还能弄点钱花，刘某也就同意了。14 时许，两人来到学生公寓，趁学生都去上课的时候，两人藏在衣柜里，躲过了值班老师的检查。两人开始实施盗窃，从学生公寓楼的二楼到五楼，两人共盗窃了 33 间宿舍 90 多位学生的手机、充电器、游戏机、现金等物品，合计价值人民币 10690 元。法网恢恢疏而不漏，公安机关很快确定了侯某的嫌疑，五日后侯某在家长的带领下向公安机关投案自首，并供述了其与刘某盗窃的犯罪事实。

目前，侯某、刘某已被赤峰市松山区检察院提起公诉。（节选至正义网赤峰，2013-8-9）

6. 女大学生"沸水泼老师"，无法无天，因迟到被批评而报复

东方网 11 月 14 日消息：据《劳动报》报道，因缺课迟到被老师批评了几句，华东政法大学一女生竟在课间将滚烫沸水泼向老师，导致其面部、颈部受伤。记者从华东政法大学了解到，目前学校已报警，警方已介入调查此事，现处于调查取证阶段。华政方面明确表态，将视警方的调查结果依法依规进行处理。

事发 11 月 11 日上午华东政法大学松江校区，向老师泼水的是该校一名专升本二年级的女生王某，其正在准备 12 月的研究生考试。据学校通报，法律学院蒋老师上完第一节课后在上第二节课时进行课堂点名，学生王某没有到课。课到一半时，学生王某走进教室。蒋老师问起为什么不来上第一节课而第二节课又迟到，该生解释说"因为准备复习考研，没有听到上课铃声，所以没有到课堂上课"。蒋老师当时对该学生说："如果连课都不上，怎么能考上研究生？"同时，蒋老师在学生名册中该生名字旁边勾选了"到课"，该生也进入课堂上课。目击学生表示，老师的语气只是正常的批评教育，并没有侮辱的意思。

课间休息时，该生将蒋老师水杯拿出教室，蒋老师以为该生通过为老师泡

水表示歉意。在该生拿着水杯返回教室走到蒋老师跟前时，蒋老师向该生说了声"谢谢"，并伸手准备接水杯。此时，该生突然将杯中热水泼向老师脸部，导致蒋老师面部和背部严重烫伤。教室里的其他学生见状后立即对蒋老师进行救助，尔后向学校相关职能部门报告并报警，学校立即将蒋老师送往医院诊治。

记者致电受伤的蒋老师，他表示目前正在家中养伤，学校领导和相关部门负责人已来家中探望，并了解相关情况。据一位和他共事多年的老师介绍，蒋老师已经拥有 30 多年教龄，在师生眼中是一位"有亲和力、说话客客气气、很绅士"的老师，有着较不错的口碑，如今发生这样的事，实在是令人意外。"外伤可以愈合，但这件事给老教师造成的心理创伤却很难弥补。"该老师表示，希望学校能公正处理此事，学生应该承担起她应负的责任。上海新文汇律师事务所主任富敏荣昨天在微博上持续转发了这一事件动态，在接受记者采访时他连称这样的行为"实在过分"。"说明这个学生在心理辅导方面十分欠缺。对学生应依法进行处理，否则不利于维护教学秩序"。

据学校通报，连日来，学校分别召开相关部门负责人会议通报情况，并对相关工作进行部署，目前，警方已介入对该事件的调查，现处于调查取证阶段。

7. 学生为报复老师当年严厉批评放火烧母校

这个中学生真是不得了——因不满几年前小学老师的一次批评，竟然采取火烧学校办公室的方式进行报复。近日，这名"一举惊人"的学生柏某，因涉嫌放火罪被定远县检察院依法提起公诉。

柏某是定远县某中学一名在校学生。今年 5 月 17 日，柏某去曾经就读的小学校园内玩，见学校办公室空无一人，这时柏某突然想起，自己在此读书期间曾因调皮被一位老师严厉训斥过，遂产生了报复心理。透过窗户，他看到该老师的办公桌上放着一些作业本，于是就用打火机点燃一张报纸，并将燃烧的报纸从窗户外扔到了这个办公桌上，随后迅速离开。走到半路时，柏某害怕着火造成严重后果，以返回学校，采取树枝扑火等简单方式进行灭火。一番扑救之后，柏某以为火已经完全熄灭，于是便扬长而去。但事实上火并没有彻底熄灭，零星火点随即开始发威，最终将办公室内的桌椅、课本、学生试卷等物品悉数烧毁。经鉴定，烧毁的物品价值三千余元。

8. 学生报复老师，导致老师头颅骨折

昨日中午，本报接到报料称，谢岗镇某民办学校的一个老师被学生砸破了头。随后，记者来到谢岗人民医院，被学生砸破头的蒋老师正躺在病床上，头上缠着白色纱布，T恤上还有明显的血迹。

"这个都是被自己班上的一名男学生砸的。"蒋老师激动地说。

据蒋老师介绍，事情发生在前日上午9时20分，作为班主任的他如往常一样给七（5）班上语文课，由于5月份的学生评比还没有进行，他打算用这节课进行学生评比。"我们的评比主要是要评选出两名转变最快、变化最大的学生，以及评比两名表现最差的学生，这样的评比我们已经在3月和4月进行了两次，感觉还不错。"蒋老师如是说。

蒋老师说，评选开始后，同学们都很积极，班上40来名同学每人都写了纸条上来，但是有一张纸条让他一下呆住了，纸条上写着"蒋××VS送葬者，蒋××VS巨人卡里"的字样，"带有明显的侮辱我的意思"，当时蒋老师很生气，也很失望，没想到一个学生既然做出这样的事情。

学生纸条上留言侮辱老师，让蒋老师一下子接受不了。蒋老师介绍说，他将写纸条的学生阿伟叫上讲台，"开始我只是想批评他，用教学用的一条小竹片教鞭试图拍一下他的嘴巴，但阿伟一下躲开了，教鞭正好打在他的眼睛上，然后我又用教鞭拍第二下，他又躲开了，教鞭正好打在他的肩膀上。"

"没想到，这样两下后，他开始用四川的家乡话骂我。"蒋老师介绍说，"当时我很不高兴，于是抓住了他的衣领，他也开始了反抗，并弯腰去取了一块砖头，那砖头是学生用来顶门的，之后将砖头朝我砸了过来，一下就砸到头上了。"

据当时站在旁边的班长小范介绍，当时老师被砸中头部后，并没有马上流血，蒋老师于是跑过去掐住阿伟的脖子，并迅速将阿伟制服了。"随后，我们看见老师头上流了很多血，有一些同学都害怕地跑出教室了，之后赶来了两名老师，把阿伟送到了学校办公室，蒋老师也被送到医院去了。"小范如是说。

"当时，我正在隔壁上课，听到学生大声喧哗，知道是出事情了，我跑过去一看，蒋老师用纸巾捂着头部，血流满面的，斜靠在讲台上。"学校裴老师说。

家长希望协商解决。

昨日下午，记者找到了阿伟住地方，阿伟的父亲在樟木头镇石坑村开了一家小餐馆，当时阿伟没去学校也没在家。"我们的孩子很内向，平时只喜欢打篮球，对于打伤老师的事，他回来曾经说是被老师打了，并被老师掐了脖子才情急下拿砖头砸老师的。"阿伟的父亲李先生表示，"现在事情发生了，阿伟都不敢回学校了，连吃饭也没心思，现在又出去了，人也找不到，不过希望老师先把病治好。"

对以上的事件发生后的种种处理意见，笔者不好妄评。只是有一点：为什么"体罚或变体罚"屡禁不止？为什么此类事件频频发生？常言说得好：解铃还须系铃人。笔者对近几年来所发生的校园体罚或变相体罚的"当事人"进行了初步摸底调查。结果发现教师体罚或变相体罚的学生的现象呈现"三多三少"趋势：即低学历的教师多、高学历的教师少；女教师多，男教师少；教低年级老师多，教高年级老师少。

教师的个体心理素质高低是决定是否对学生进行"体罚或变相体罚"的关键。而教师的优秀的心理素质的形成是在不断学习的过程中完成的。因此，作为老师，一定要具备良好的心理素质。一般说来，学生心理素质的好坏，一个最重要的影响源，就是他们的老师。

那么，教师应该具备什么样的心理素质呢？

"体罚或变相体罚学生"的老师没有一个对事业是有饱满的情感的。因此，教师饱满的情感对教育、教学、管理起着举足轻重的作用。

情感永远是激发学生进步的强大动力。教师要始终遵循教育规律和原则，把炽热的爱与原则的、公正的、合理的要求结合起来了解学生，关心学生，尊重学生，信任学生，对每个学生都平等相待，一视同仁，把自己全部的智慧和精力都无私地奉献给学生。情感是相互传递的，情绪是交叉感染的。教师只有先动之以情，才能晓之以理，也才能得到学生的真情回报。由此可见，饱满的感情是教师必不可少的健康的心理素质。

"体罚或变相体罚学生"的教师很少拥有宽容的胸襟。而宽容的胸襟是"师生"情感融合的强"黏合剂"。

宽容是一种美德，它既深怀和谐的内涵，也是和谐的外在表现。以宽容的态度来感染学生，是为人师者良好心理素质的体现，亦能胶合和学生的特殊情感。教师在实施教育的过程中，心理上要能容得下班级中的每一个学生。教育实践证明，在对学生关怀和说理时，教师越是和善与宽容，越能使学生深受感染，从而更好地接受教育。因此教师要善于抑制无益的情绪和冲动，不要意气用事。教师"严于律己、宽以待人"的工作和生活态度，会感染、引导和影响学生宽容地对待人和事，从而达到和谐教育的境界。

"体罚或变相体罚学生"的教师很少有良好的风度和示范作用。而拥有良好风度的老师，一般对身边的事物会自觉地产生一种"敬畏"心理，从而很好地规范自己的言行，起到真正的表率作用。

教师的仪表风度，是教师崇高的思想感情、气质性格、文化素质以及审美观念的外在表现，更是教师内心世界的自然流露。良好的仪表风度易使学生自然而然地产生亲近感，欣然接受教师的批评或教育，并更加顺畅地形成师生之间的感情交流和心理沟通。

诚然，办学要讲质量。但一流的质量一定得有科学的方法才能取得。事实证明：所有成功的学校都遵循科学管理规律——0.618 黄金管理效率；遵循学生成长规律——由简单到复杂的规律；遵循智力开发规律——循序渐进规律。这些年，教育领域频繁发生的悲剧，多与教师个体素质十分不适宜快速发展的信息化时代息息相关：学生年龄虽少，但他们早已不是老师们以前的孩童时代的群体了。他们天生活泼、忌静好动、表现欲望十分强烈。老师的话在他们看来"可以听"也"可以不听"。由于老师学习时间少，研究学生心理十分欠缺：孩子为什么不听老师的话？为什么学生不喜欢甲老师的课而喜欢乙老师的课？为什么那么"固执"？为什么那么"嘴多"？为什么那么"坐不住"？为什么要"拿"别人的东西？为什么不把自己的玩具给别的小孩玩？这一连串的为什么都是孩子特定年龄阶段的特定反应。若不研究儿童心理学，靠蛮干是绝对"得不偿失"的。高学历的老师，知识面宽，遇事会由己推人；心胸宽阔的老师，遇到学生"不听话"，他们会降低身姿，与学生好好交流，从学生的"闪光点"入手，让学生自觉地听"老师的话"。只有学生"自觉"地听从老师的教诲，学生才会"亲其师，信其道"，"高质量"的教学效果才会"水到渠成"。有"君子"风度而且对现实有"敬畏"心理的老师，学生的"出错率"明显减少。实践证明：学生从小就信服两类老师：有"本事"的教师（对事业有饱满的热情、对事件有宽容的胸襟、对环境有"敬畏"的姿态）和"班主任"（精心挑选的）。从教学效果来看，这两类老师的教学成绩明显"高于"

同年级其他教师。因此，平时不多读书、多看报的老师，对学生的现实"需求"了解甚少，总跟学生走不到一起，为了顾其自身的"面子"，进而采用"压服"的方式——"体罚或变相体罚"便应运而生。

因此，整治"体罚或变相体罚学生"这一顽疾的关键是全面提升教师的职业修养。

第二章
学生成长规律探微

第一节　小学各年级学生的内心独白

走进小学生内心世界并非易事。千人千面在小学生群体中表现得十分突出，一人多面的现象比比皆是。因此，对待小学生，其"看法"应该是"中庸偏好"的，多挑亮点。教育工作者要注重从小学生的喜、怒、哀、乐等方面全面观察、知己知彼、有的放矢。

一、一年级孩子的内心世界

我最喜欢糖，糖是我生活中不可缺少的东西。最需要外婆那满露笑容的脸，外婆的爱就是我生活中的幸福，我最讨厌我那个表弟，我想把他抛弃，可就是永远抛不远。

我最喜欢高年级的大哥哥、大姐姐们的那精致的钢笔，我好想要呀，最讨厌学习。需要玩的东西。

我最喜欢了解自己不懂的东西，越是神秘，我越想"探"个究竟。妈妈越不允许我碰的东西，我就越想去碰，手指头不自觉地这里摸摸，那里摸摸，但不敢碰"真"的，因为怕妈妈批评。我最痛苦的事就是妈妈不允许我碰我喜欢或迷恋的东西。

脑袋里只认得1、2、3、a、o、e什么的，其他什么都不懂，我最喜欢的是知识。最讨厌家里的鸡、猪等家畜乱拉大小便，弄得到处都是脏东西、真恶心。最喜欢奶奶做的南瓜饼，香极了，那种香味最令人陶醉。

我在这个年级里，无忧无虑，什么事都不要管，但我不快乐。我喜欢下课，下课了就有许多孩子陪伴着我玩。我讨厌老师在上课时的唠唠叨叨，最需要老师让我玩，因为只有玩，我才快乐。但一年级要上课了，到了一年级，我一点也不快乐了。

我看着大哥哥、大姐姐们十分精彩的跳绳比赛，我多想参加他们的比赛呢！但一回到家里，奶奶又开始唠叨，今天学了什么？学会了吗？作业写完了吗？我多么想摆脱这令人讨厌的唠叨呀！

我最喜欢远出打工，无拘无束，讨厌所有无趣的东西。

我一个人来到十分陌生的地方，很孤独。我十分需要父母的爱，讨厌没有爸爸妈妈依靠的生活。

我对身边的一切都很好奇。我们在大人眼里显得很天真可爱，我一心想要好奇的东西。

我喜欢玩，需要时间和休息，十分讨厌写作业和受约束。

我最喜欢跟爸妈待在一起，不想去学校，不想上课，在学校总想：到底什么时候放假？爸妈在干什么？小卖部的东西好好吃，什么时候才能去买呢？

我非常需要老师的表扬和小红花奖贴，讨厌老师对我的批评。

我非常想吃好东西，想开心地玩，最讨厌老师上课骂人。

看到别人试卷上的红"√"，我多想要呀！考试时，我只有及格分，别人都是一百分，我多么需要那个一百分呀！

二、二年级孩子的内心世界

我长大了，学习也变得认真了，再也不像以前那样顽皮了，可我再怎么认真，也很少得到老师的表扬，我最喜欢的事就是得到老师的表扬。

我最需要的是自动铅笔，因为这样就可以不用削笔了。最讨厌老师上课打人，特别是打手板，痛极了。

我对画画产生了兴趣，可我爸爸不让我画画，帮我报了儿童英语培训班，使我空闲时间都不能做自己喜欢做的事，我需要做一些自己喜欢做的事，我讨厌父母剥夺我的自由权。

我最喜欢跟同学们玩踢皮筋、丢沙包，最喜欢体育课，最讨厌凶巴巴的语文老师，心里总想着一些零食。

我最需要别人讲故事给我听，讨厌别人打扰我。

我渐渐长大了，成了一个懂事的小学生。我很求上进，我十分想得到老师的赞扬。

我知道学校是读书的地方,但我不喜欢上课,只觉得"玩"才是我最大的乐趣。

我的最幸福最喜欢的日子是与爸爸妈妈待在一起,讨厌孤独的日子。

很想能在台上表演节目,可一次一次都轮上不我。

很想有一支精致的钢笔,对钢笔的渴望成了这个年级的全部生活。下课后,我们女生在一起跳皮筋,可总有一些男生前来捣乱,打扰我们跳皮筋,我最讨厌那些男生了。

只要老师耐心地教育我,我的成绩就会突飞猛进。我最喜欢上课,因为我知道上课有用,我很讨厌老师说我的缺点,我需要老师的关爱和照顾。

二年级时,我来到了小镇上,虽然没有乡村那种恶劣的环境(家畜的屎尿横流),可令我讨厌的是镇上赶集时的人山人海,我根本玩不了。我很想有一台玩具遥控车,最希望是我玩玩具时没人打扰我。我需要安安静静没人打扰的玩耍时间。

我特别喜欢甜品,可妈妈不让我碰甜品,她在为我的牙齿操心,于是家里禁买甜品。我渴望有一个精美的文具盒,讨厌嘲笑我的人。

我喜欢别人手上的洋娃娃,可我从来没碰过一次。我最需要外婆的笑,可总是看见外婆那一滴一滴的汗珠,我最讨厌那一张张很毒、讥笑的脸,它们常常把我从美梦中惊醒。

三、三年级孩子的内心世界

三年级时,我渐渐懂得了外婆对我"严"的用心。我最喜欢那一件件漂亮的衣服。我最需要浓浓的爱,我最讨厌我那狠心的父母,把我寄养在外婆家。

在妈妈的教导下,我懂得了学生为什么要学习的道理。于是,我发奋读书,我好需要知识呀,好需要老师来辅导我呀,我最讨厌压力。

我喜欢钻研我不懂的题目,我讨厌那些我懂了的题目,因为它们太简单了。

我从乡镇来到县城,我讨厌那些汽车,太可恶了,排出的尾气太污染环境。我喜欢玩电梯,可玩电梯也需要时间,学校的老师下午放学后还要拖一个多小时的堂,真气人。

我想比别人强，我很有自信，我最需要一支好钢笔，但没有。我最喜欢英语，我最讨厌语文和数学课，真是烦死人。

看着哥哥在池塘里游泳，我希望下塘去游泳。我想，我要是男孩子该多好呀！放假了，老师疯狂地布置着作业，看着满黑板的作业，我不禁一阵晕眩，我讨厌写作业。

我渴望得到老师的表扬，可老师却很少表扬我。

喜欢新鲜东西，讨厌那些枯燥乏味的东西。

到了三年级，就多出了许多竞争对手，有时自己有困难了，没有人帮助自己，只有自己帮自己，我很需要同伴的帮助，我讨厌与别人斗得你死我活。

我变得顽皮了，喜欢弄以前没有接触过的东西。很想有一支精美的钢笔，也很想写一手漂亮的钢笔字。

我喜欢看故事书、漫画书等，需要快乐，讨厌无趣的活动。

开始接触一些新的东西，开始用圆珠笔写字，羡慕高年级同学写的钢笔字，羡慕高年级同学有那么多知识。题目越来越难了，老师越来越严了，朋友越来越少了。

讨厌脑袋空空的自己，开始学英语了，我觉得英语藏着许多奥妙，我全心全意地听课，希望能把英语学好。

最想要的是老师上课偶尔开点玩笑，它会使我的大脑更灵活，最讨厌高年级同学在我面前炫耀他的钢笔。

整天无所事事，学业成绩只是及格分，我自己非常难过，每天都会听到老师的呵责声和父母的唉声叹气声。唉，我多么想得到老师和父母的赞赏和爱啊！

四、四年级孩子的内心世界

看着别的同学拿着钢笔在手里自由转动，时而上去，时而下来，非常好看。于是，我就请别人教我玩钢笔，经过很长时间的训练后，我就学会了。可老师不准我在上课时玩，因为笔掉在地上有声音，怕影响课堂纪律。那时，我多么想有一支掉在地上没有声音的笔啊！

我最想得到奖励，这会使我更发奋学习。最讨厌睡觉时有蚊子。

玩心又重了一些。常常急急忙忙地把作业做完，而不检查就出去玩了。第二天，老师发练习本时，我只做对了一道题，这是不对的，我需要有耐心，我开始讨厌急性子了。

为什么老师的课越来越枯燥乏味了呢？为什么我不是一只鸟、一条虫、一朵花呢？好羡慕低年级同学能痛痛快快地玩呀！老师总是布置那么多作业，我确实想多玩玩！

我喜欢学习英语，我需要老师传授知识，我讨厌父母的责备。

我喜欢阅读，在书本中畅游真有趣。当关上书本时，我还会沉溺在书的世界里，我十分需要更多的知识。

我觉得懂事了，知道要好好照顾自己，不要让家人操心，我要学会独立。

我讨厌没有事做的日子，我喜欢看书了。

好想能写一手高年级哥哥姐姐那样漂亮的钢笔字。

四年级了，我望着窗外那一个个天真的小孩在玩捉迷藏，我才发觉我是多么孤独啊，我很想快乐。

我只想玩，我的成绩很差，我最喜欢上电脑课，只有上电脑课我才见到快乐。我最讨厌朋友不跟我玩。朋友们都嘲笑我很男孩，不是女孩子。因为我很调皮。我最需要父母的关怀和体谅，因为我太孤独了。

四年级了，我也长大了，我讨厌那些没有家教的人，老是欺侮小同学，横行霸道，称自己是王。我喜欢读书，因为读书让我学到了许多知识。

我最喜欢读书，可妈妈怕我近视，不让我看书，我不喜欢妈妈管闲事。

我很想能佩戴鲜艳的红领巾。

我懂得了要孝敬父母亲，我最喜欢父母亲那甜美的笑和快乐，可父母亲每天忙忙碌碌根本就没有一丝歇息的时间，永远实现不了我的愿望，只有悲哀和唉声叹气。我讨厌那些烦人的功课，甚至不想读书，如果不读书，我就不用做功课了。

五、五年级孩子的内心世界

我懂得了功课的重要性。我最喜欢上课回答问题，不懂的地方，下课问老师。我最需要父母陪伴在我的身边，可是他们是不会陪我的，只会等成绩单发下来看一看分数。他们根本没有想到我的感受，我只有晚上默默地哭，泪水湿透了床单，我最讨厌那些讥笑别人没有父母的人。

　　我现在变得活泼可爱，可就是有点贪玩。渴望和同学们出去打乒乓球，想要一副乒乓球拍。最讨厌被老师批评。我喜欢学跳舞，因为这样我的四肢就会变得敏捷，但妈妈不同意我去学跳舞，怕我闪了腰。

　　我已经懂事了，懂得了尊老爱幼和感恩……而我需要的是关心。可没有一个人关心我。我最喜欢玩电脑，讨厌那些没有爱心，专门偷东西的人。

　　我很爱面子，想让人看得起，我像一只小鸟变成了凤凰，我成绩很好，能保证在前十名以内。我喜欢唱歌和跳舞，因为唱歌、跳舞能给我动力，鼓舞我向前。我最讨厌别人不支持我的意见，因为我很要强，我最需要朋友给我支持和鼓励。

　　同年级同学折了许多小玩意儿，可我也是女生，我却是笨手笨脚的，我多么想和其他女生一样心灵手巧啊！我爸妈常有重男轻女的思想，我很苦恼。

　　我渴望自己的成绩能够更好一点。

　　我喜欢好看的衣服，我想要一套美丽的校服，在舞台上跳舞，我讨厌难看的衣服。

　　我明白了时间是宝贵的，我要珍惜时间，不能让时间白白浪费。

　　我很喜欢写作了，是老师让我开始喜欢作文的，我想通过写作让自己变得博学，我十分希望自己的作文能印在作文书上，希望自己写的作文能汇成一本书。我好想要一本自己出版的书。

　　我喜欢课外活动，需要充足的时间锻炼身体，讨厌整天缩在教室里。

　　到了五年级，我才知道老师为什么这么严，因为还有一个学年就要上初中了，我该去哪个学校呢？同学们的衣服、鞋子真漂亮，我什么时候也能有呢？同学们吃的零食，我什么时候也能有呢？

　　我变得爱写作文了，整天想着日记中的回忆，把自己的事情写成作文，标题、段落、构思等，我都认真想好，我认真地写出了一篇作文，老师在上面画了个笑脸。我需要通过读书来增加知识，我讨厌做一个作文写不好的小学生。

　　我很想要一本英文书，因为我从前的学校从来没有上英语课，我还讨厌上科学课，没有科学书。

　　我们都是少年了，再也不幼稚了，不能再玩那些天真的游戏了。我们非常喜欢玩一些运动剧烈的游戏，比如说：单独跳、丢纱包、接力赛……可是老师总是拖堂，使我们很少有锻炼的机会。我们多么希望老师不拖堂，让我们有足够的时间玩。

老师呀，您知不知道，您一节课一个人在讲呀，你累不累呀。我们大多数同学根本没有听您讲课，我们都在做着各自的"白日梦"。老师，您知道吗？您现在应该知道：不是您讲了的，我们就会做了。

六、六年级孩子的内心世界

我们即将毕业，马上就要成为初中生了，这使我们非常高兴，同时也很难忘记小学时的天真幼稚，我们现在的自由活动时间变得非常窘迫，几乎每一小时都在艰苦地与作业奋斗。晚上我们都累得很，早上我们起得特别早，其他年级的学生还在睡梦中，我们的读书声早已能听见了，尤其是考试时，我们都非常紧张，生怕自己考不好，被老师批评，我们确实需要时间让自己喘气。

我最想要的是一本教科书，它包含许多难题，只要我遇到难题就能从中查找解题的方法。我最讨厌老师出难题。因为如果我们答不出，老师就会放过这个内容，从此不再说。

我渴望做一个好学校的好学生，不愿意做一个普通学校的普通小学生，我得抓紧学时间复习功课。

马上就要毕业了，何去何从？我能考上县重点初中吗？万一考不上那爸爸的心血就白费了，我该学会自学了。哎，我喜欢的歌曲，什么时候才能再听见，为什么音乐课和体育课都不上了呢？（严重摧残学生身心健康）

我喜欢语文，喜欢看许多的文学作品，需要数学老师耐心地教我数学。讨厌无止境地作业。

我喜欢学习了，我希望成为出名的人，我敬佩名人，我需要名人身上的那种品质，那些渊博的知识。

我只想考个好学校，不想成为爸爸妈妈的负担。

我只想轻松地度过每一天，我不喜欢太紧张的学习生活。

我看着那些可爱的弟弟妹妹在家人的呵护下成长，我多么需要家人的呵护与关心啊！"走啦，一起去嘛！"可我并不想，而朋友总是强迫我做某件事，我讨厌这类朋友。

就快小学毕业了，我很怕失去朋友和家人，想让家人不再为我担心，想让自己活得更好一点，想让朋友快乐一些，想把成绩搞上去，我最喜欢和朋友、老师开开心心学知识，我最讨厌老师、朋友家人对我的冷酷无情。我最需要朋友给我鼓励和陪伴。童年像一首歌一样，滋润着我的梦，童年的点点滴滴让我永生不忘。

马上就要毕业了，我很想念父母亲，因为他们对我操心太多，如果能用我所有的一切让父母岁月长留，我很愿意，我十分讨厌的是孤独和寂寞。

我十分喜欢课余时间，可我的课余时间每次都被老师拖堂和提前上课占去了。

我喜欢有父母亲在身边的幸福的孩子。我愿意成为安徒生爷爷的童话故事《卖火柴的女孩》，虽然她在大年夜的晚上死了。不过，她有着奶奶的爱。我却什么都没有。我最需要的是老师的微笑，因为那些微笑能给我带来力量和希望，我讨厌那些学习不努力，不做功课，潦草行事，没有主见，为班级丢脸的同学。我真想告诉他们，我们来到这个世界是干什么的，为什么要学知识，为什么要做人，为什么要孝敬父母……

渴望自由，讨厌喧闹声。最需要一个美丽而精致的手表！

第二节 小学生负能量的外在表现

在实际的教育过程中，小学生的外在表现主要有以下几种，就算这些外在的表现到了极致，也用不着用体罚去解决。沟通，真心实意的沟通是纠正孩子们"陋习、恶习"的关键，做到了解学生、理解学生和换位思考。

一、恶作剧

一年级：

刘某某抓了一把沙子放到雷某某衣服里。

二年级：

（1）刘某某和王某某两人抢东西吃。

（2）李某某乱画别人的书籍、课本。

三年级：

（1）刘某某爬围墙外出。

（2）刘某某把墨水弄到庞某某身上。

（3）赵某某把李某某的作业本撕掉了。

（4）李某某、肖某某（女）把陈某某（女）的作业本丢到教室外面去了。

（5）肖某某故意把尿拉到别人身上。

（6）张某某把同桌的书踩在地下。

（7）邓某某下课跳到李某某背上"骑马"。

（8）张某某一上课就玩墨水，双手常常沾满墨汁。

（9）郑某某跪在地上，让别人乱拖。

（10）李某某（女）用笔戳张某某的脸。

（11）邓某某用自己的衣服当降落伞，从高处往下跳，头先着地，幸好未受伤。

（12）张某某把刘某某的牛奶踩掉（想代老师没收零食）。

（13）刘某某直接用嘴喝饮水机的水。

（14）张某某、陈某某、刘某某、曾某某、邓某某等5人随意开关教室电灯、电风扇开关，5人以此引起骚动为乐。

（15）刘某某、黄某某、李某某体育课爬围墙想外出。

四年级：

陈某某、周某某、邹某某成功地爬墙出了校园。

五年级：

（1）吴某某把邓某某（女）弄哭了且经常如此。

（2）周某某撕掉邓某某同学的家庭作业封面的名字，换上自己的名字。

二、挪作己用

一年级：

（1）刘某某偷吃赵某某的牛奶。

（2）李某某将别人的卷笔刀占为己有。

二年级：

周某某拿别人的自动铅笔。

三年级：

（1）李某某改动试卷与通知书的成绩。

（2）黄某某的手机被同班李某某盗走。

（3）邓某某偷了周某某的作文指导书，邓某某常偷他人东西而不感到害羞。

（4）肖某某偷吃李某某的面包，有6人作证，但肖某某不承认。

（5）肖某某弟弟的出入证被别人弄坏了，肖某某就去敲诈那个同学一元钱。

（6）龙某某把别人的文具盒偷偷拿走并在上面作记号（好证明是自己的）。

四年级：

（1）谭某某经常放学后"勒索"江某某，稍有不从，就拳脚相加，江某某无奈从家里偷了几百元给谭某某（江某某父母是经营超市的老板）。

（2）谭某某常进入教师办公室，乱翻老师的包，并从中拿出30元现金。

（3）周某某丢失400元学费，后被周某某同学在别人椅子的"钢管"里找到。

（4）刘某某把同桌的好扇子拿回家去了。

三、意外伤害

一年级：

（1）周某某不小心把手指弄出了血。

（2）陈某某跑步时，不小心摔了一跤，额头上长了一个包。

（3）彭某某中餐后被高年级学生丢沙包撞倒，鼻子出了血。

（4）张某某上完厕所回来，回教室途中被别人撞倒，眉毛上方2厘米处撞了一个大口子。

（5）周某某用出入证划伤了李某某的脸。

（6）肖某某常被周某某抓伤。

二年级：

（1）周某某被同学不小心把鼻子给撞伤了。

（2）高某某与李某某为一点小事打架。

（3）邹某某、李某某用石头砸伤了一年级小同学的头部。

（4）管某某被小刀划破了手指头。

三年级：

（1）彭某某不小心将刘某某撞倒，刘某某被爷爷带去照 CT，幸好无大碍。

（2）张某某经常欺负同桌高某某。

（3）彭某某晚餐后用小石子"打中"了一同学的头部。

（4）彭某某与外婆一起等校车时，被摩托车撞伤了。

四年级：

（1）彭某某翻越围墙，不小心从高处摔下来，造成腿骨骨折。

（2）张某某吃饭时，把舌头咬破了，鲜血直流。

五年级：

（1）谭某某摔了一跤，且经常不由自主地摔跤。

（2）陈某某上体育课时把手摔伤。

六年级：

李某某与邹某某对打，李某某的脚受伤，两个月后才痊愈。

四、暴力事件

一年级：

（1）罗某某用脚踢彭某某的胸部。

（2）曾某某用"飞镖"把张某某的额头打出血。

（3）刘某某打周某某，一拳打中鼻子，打出了血。

（4）刘某某用力把周某某撞倒在地，周某某额头撞起了包。

二年级：

（1）何某某把周某某的鼻子打出了血。

（2）周某某不想读书，不想上学，被家长打得遍体是伤。

（3）何某某在放学路上用棍子打伤王某某的额头。

三年级：

（1）李某某与刘某某"联手"打低年级学生。

（2）刘某某用脚踢陈某某（女）。

（3）肖某某与邓某某打架，肖某某被送医院医治。

四年级：

（1）刘某某在校车上与别人打架。

（2）谭某某在校车上与别人打架。

（3）李某某上英语课被老师批评，采取自残行为，用小刀割自己的手。

五年级：

刘某某因受周某某欺侮，于是从家里喊人来"修理"周某某，把周某某打得鼻青脸肿。

六年级：

张某某对本班的漂亮女生拳脚相加，理由是她老是不理他。

五、课堂学习

一年级：

（1）周某某一个学期下来，数学只得 1 分。

（2）刘某某的汉字写得很离谱，笔画数短缺，汉字结构零乱。

（3）张某某等十几位同学不懂得汉语拼音是什么。

（4）李某某、刘某某一上课就玩铅笔，撕书本。

（5）朱某某上课撕课本中的封面织飞机。

（6）张某某、刘某某、李某某等一上课就相互走动，带着自己的"自动削笔刀"帮别人削铅笔。

（7）丁某某上课经常走出教室，一节课要上"四、五"次厕所，多次劝说无效。

（8）刘某某每天不知道老师布置的家庭作业。

（9）唐某某从不交课堂作业，劝说无效。

（10）黄某某与周某某在课堂打架。

（11）期末考试老师不念题目就不会做题。

（12）语、数、英三科合格率很难突破 90%。

二年级：

（1）刘某某、朱某某、丁某某从不听语文课，也不做语文作业。

（2）李某某不知道做退位减法题。

（3）周某某做作业十分慢，一个字写半天。

（4）刘某某对数学一窍不通，作业的格式都不知道。

（5）朱某某上课随意走动。

（6）李某某的课本被撕得一塌糊涂。

（7）周某某不会读书更谈不上背书。

（8）张某某每天的作业都完不成。

（9）朱某某、刘某某不愿进教室上课，也不做作业。

（10）班级数学、外语合格率很难突破90%。

三年级：

（1）张某某、刘某某上课打架。

（2）周某某、李某某两人经常逃课（尤其是语文课）。

（3）王某某的练习本、课本的封面一律不见了。

（4）张某某对看图说话一窍不通，观察一幅图，写不上十个字。

（5）对数学讨厌，作业往往不能按时完成。

（6）一上课就走神，经常三三两两在课堂内讲小话和玩小动作。

（7）周某某上数学和语文课就画画，从不用心听课。

（8）周某某常常抄袭他人作业抵账。

（9）凡合格率低于70%的班集体，课堂听讲认真的人数从不会超过70%以上，总有30%的同学做各种与课堂无关的事。

（10）语文、数学、英语合格率很难突破90%。

四年级：

（1）刘某某、朱某某一上课就走神，东张西望，语、数、外考试从不及格。

（2）周某某作文时无话可写，可上课讲小话却十分在行。

（3）刘某某一听上数学课就头痛。

（4）张某某作业十分潦草，类似的同学约占班级总人数的2%~5%。

（5）李某某对语文不知道学什么，因而语文总不及格。

（6）张某某与朱某某上课常常打闹，影响课堂纪律。

（7）唐某某常常逃课，对学习毫无兴趣。

（8）周某某背书能倒背如流，默写时错误将近一半。

（9）丁某某无法完成老师布置的家庭作业。

（10）语文、数学、外语三科合格率很难突破85%。

五年级：

（1）吴某某与曾某某上课打架。

（2）卢某某与数学老师吵架。

（3）周某某、刘某某上课外出，常常躲在阴暗处，不愿进教室读书。

（4）周某某上课玩牌，从不听讲。

（5）英语课堂很热闹，刘某某和罗某某打架。

（6）李某某对阅读课文之类的练习无从下手。

（7）张某某讨厌数学，从未交齐数学练习题。

（8）罗某某数学成绩一直很低，所有计算题都算不准。

（9）王某某一听到上语文课就心烦。

（10）语、数、外三科合格率很难突破80%。

六年级：

（1）邹某某态度傲慢，不接受老师的教育。

（2）张某某与语文老师发生口角，用脚踢语文老师。

（3）李某某作文从不会超过100个字。

（4）朱某某对列方程解应用题一知半解。

（5）黄某某对自己的学习从不感兴趣，因而常常自暴自弃。

（6）许多同学不知道怎么学习文言文，因而翻译文言文就十分棘手。

（7）王某某经常逃课，多次劝解无效。

（8）邹某某与张某某课内传递短话信息，一句一句互相写传，就像发手机短信一样。

（9）李某某数学作业做了一大框，可成绩就是提不上来。

（10）语、数、外三科合格率很难突破85%。

六、"损坏"财物

一年级：

（1）周某某在教室墙上乱涂乱画。

（2）李某某故意撕坏宣传橱窗的画。

（3）张某某将小凳子的螺钉起出来，丢掉。

（4）刘某某将课桌用铅笔画黑。

（5）朱某某将水龙头拧坏。

二年级：

（1）罗某某用粉笔头"打"玻璃。

（2）陈某某用小石子打破了宣传橱窗的玻璃。

（3）周某某故意把扫把拆散、扔了。

（4）李某某把图书馆的书一页一页撕掉了。

（5）周某某把"校牌"污损了。

三年级：

（1）刘某某在课桌上乱刻乱画。

（2）丁某某把别人的书的封面撕掉。

（3）张某某把雪白的墙壁用彩色笔画上了很多根线条。

（4）周某某扔同学书本时，把教室的窗户玻璃打碎了。

（5）李某某将一条新凳子"摇"坏了。

四年级：

（1）陈某某用石块打烂校车玻璃。

（2）朱某某、刘某某、丁某某将学校餐桌的螺钉全部起出来，供大家玩耍。

（3）李某某下午玩耍时，将教室窗户玻璃打烂了。

（4）周某某把空调铜管弄坏了 。

（5）罗某某把教室锁眼用小木条堵死了。

五年级：

（1）李某某把同桌的播放器拆坏了。

（2）刘某某把吃剩的碗筷"丢"在草丛里。

（3）周某某把灰斗的手柄拧断了。

（4）罗某某把电风扇的调速开关弄坏了 。

（5）朱某某用扫把把液晶电视屏敲坏了。

六年级：

肖某某和黄某某打闹时，把教室玻璃打碎了。

七、自制力差

一年级：

（1）多数同学无法按"静"的规矩听老师讲课。

（2）老师讲的东西大部分学生没有"听"，以致学生作业"五花八门"。

（3）"要我读书"的意识非常强烈，"我要读书"的概念几乎全无，因而课堂纪律普遍较差。

（4）不要规矩，只要"自由自在"。

二年级：

（1）老想着回家，看到别的同学的爷爷奶奶来学校，就"伤心"地哭着要回家。

（2）不自觉地把课桌划坏了。

三年级：

（1）张某某上课管不了自己，常与人说小话，语文只有 40 分，其父亲来校说了一些"过头话"。

（2）黄某某经常把大便拉在身上。

（3）李某某与陈某某常常为一点小事大动干戈。

（4）庞某某有时在教室里会突然大喊一声。

（5）陈某某常常在课堂内将课桌弄出奇怪的声响。

四年级：

（1）李某某上课吃东西，只要有东西，她一直要吃完才罢休。

（2）张某某"暗恋"本班一女生，每节课都要到"女同学"课桌边"问"问题、"看"作业。

五年级：

（1）陈某某迷恋电脑，哭着要回家玩电脑。

（2）凌某某与王某某上课一直说小话，屡禁不止。

六年级：

（1）周某某常"不由自主"地打伤班内的其他孩子。

（2）李某某上课时，常旁若无人地说着话。

第三章
非惩戒的教育技巧

第一节　科学应用"心理效应"

一、马太效应

《圣经·马太福音》有个故事：天国主人要外出，临走前把家产分给 3 个不同才干的个人，分别是五千两银子、两千两银子和一千两银子。那个领五千两银子的随即去做买卖，又赚了五千两银子；领两千两银子的也赚了两千两银子，唯独那个领一千的把银子埋到地里。主人回来，对前两位大加赞赏，用原数奖励他们，却把第三个人的一千两银子收回来奖给了第一位。这就是《圣经》中"马太福音"第二十五章中的几句话："凡有的，还要加给他，叫他多余；没有的，连他所有的也要夺过来。"1973 年，美国科学研究者贡献多的给予的荣誉就越多，而对那些未出名的科学家则不承认他们的成绩。莫顿将这种社会心理现象命名为"马太效应"。

任何个人、群体或地区，一旦在某一方面获得成功和进步，就会产生一种积累优势，就会有更多的机会取得更大的成功和进步。培养尖子学生运用此法往往事半功倍。对阶段素质不良的学生，如果你把他们的优点"无限"放大，或尽力地去"寻找"他们的"亮点"并给予加倍的鼓励，这些阶段素质不良的孩子马上就会被"优化"起来，进入"先进"行列。

二、贴标签效应

在心理学上，有一种心理效应叫"贴标签效应"。在第二次世界大战期间，美国由于兵力不足，而战争又的确需要一批军人。于是，美国政府就决定组织关在监狱里的犯人上前线战斗。为此，美国政府特派了几个心理学专家对犯人进行了战前的训练和动员，并随他们一起到前线作战。训练期间心理学专家们对他们不过多地进行说教，而特别强调犯人们每周给自己最亲的人写一封信。信的内容由心理学家统一拟定，叙述的是犯人在狱中的表现是如何好，如何接受教育，改过自新等。专家们要求犯人们认真抄写后寄给自己最亲爱的人。三个月后，犯人们开赴前线，专家们要犯人给亲人的信中写自己是如何地服从指挥，如何地勇敢等。结果，这批犯人在战场上的表现比起正规军来毫不逊色，他们在战斗中正如他们信中所说的那样服从指挥，那样勇敢拼搏。后来，心理学家就把这一现象称为"贴标签效应"，心理学上也叫暗示效应。

这一心理现象在教育中有着极其重要的作用。1996 年，当时的新安江镇教办在全镇推出了 30 条"教师总语"，实际上就是"贴标签效应"在教育教学中的应用。如果我们老是对着学生吼着"笨蛋""猪头""怎么这么笨""连这么简单的题目都不会做"等，时间长了，这位学生就真的成了你所说的"笨蛋"了。"贴标签效应"也因此发挥出了它的负向功能的作用。因为这样的语言会在不知不觉中扼杀孩子的上进心，伤害孩子的自尊。所以，老师们必须力戒嘲笑羞辱、歧视绝情、责怪抱怨、威胁恐吓、敷衍欺骗性等语言，多用目标激励性的言语，对学生多贴正向的标签。当我们看见一个大孩子欺负一个小孩子的时候，使用不同的语言会起到不同的效果。"怎么搞的，比你小的都要欺负，你是虐待狂啊！我跟他的父母讲，也揍你一顿，看你怎么办？""我知道你是一个好孩子，你不是真的要欺负小朋友的是吗？"两种说法，两种效应，结果截然不同。曾有一位对孩子绝望的家长对孩子说这样的话："我只求你做一个寄生虫（没出息，我只好养你一辈子），千万不能做害人虫（违法犯罪）！"给孩子贴这样的标签，孩子就只能自暴自弃了。

教育工作者应对每一个学生都应充满期待的全方位的积极暗示。多贴正标签，多给正能量。

三、近因效应

最近、最后的印象，往往是最强烈的，"可以冲淡在此之前产生的各种因素"。这就是近因效应。有这样一个例子：面试过程中，主考官告诉考生可以走了，可当考生要离开考场时，主考官又叫住他，对他说，你已回答了我们所提出的问题，评委觉得不怎么样，你对此怎么看？其实，考官做出这么一种设置,是对毕业生的最后一考,想借此考察一下应聘者的心理素质和临场应变能力。如果这一道题回答得精彩,大可弥补此前面试中的缺憾;如果回答得不好,可能会由于这最后的关键性试题而使应聘者前功尽弃。

心理实验表明:在人与人交往的过程中,往往最后一句话决定了整个谈话的调子。例如:向考生说:"随便考上一个学校,该没有什么问题吧?虽然基础不好。"或者说:"虽然基础不好,总能考上一个学校吧?"这两句话的意思是不一样的,只是语句排列的顺序不同,但给人的印象是全然不同的,前者给人留下悲观的印象,后者则相反。因此我们教师在批评学生时,应注意语句的选择、先后顺序,尽可能使它产生一个良好的近因效应。

"近因效应"告诉我们:怒责之后莫忘安慰。例如,批评之后说:"也许,我的话讲得重了一点,但愿你能理解我的苦心。"用这种话作结束语,学生就会有勉励之感,认为这一番批评虽然严厉了一点,但都是为我好。相反,如果用"如果再犯,我决不饶你"等警示性、命令式的结束语,只能给学生留下一个很不好的印象。

四、鱼缸法则

养在鱼缸中的热带金鱼,三寸来长,不管养多长时间,始终不见金鱼生长。然而将这种金鱼放到水池中,两个月的时间,原本三寸的金鱼可以长到一尺。

对孩子的教育也是一样,孩子的成长需要自由的空间。而父母的保护就像鱼缸一样,孩子在父母的鱼缸中永远难以长成大鱼。要想让孩子健康成长,父母就应给孩子自由成长的空间。特别是对性情孤僻、不合群的孩子,更要积极引导其走出"自我",融入"大家"。只有这样,才能健康成长。

五、增减效应

在人际交往中,我们总是喜欢那些喜欢我们的人,总是不喜欢那些不喜欢我们的人。然而,人是复杂的,其态度不是一成不变的,当对方对我们的态度在喜欢与不喜欢之间转变时,我们会有什么样的反应呢?为此,心理学家们做了一系列的实验。其中有这么一个实验:被试的八十名大学生,将他们分成四组,每组被试者都有七次机会听到某一同学(心理学家预先安排的)谈有关对他们的评价。其方式是：第一组为贬抑组，即七次评价只说被试者的缺点不说优点，第二组为褒扬组，即七次评价只说被试者的优点不说缺点；第三组为先贬后褒组，即前四次评价专门说被试者的缺点，后三次评价则专门说被试者的优点；第四组为先褒后贬组，即前四次评价专门说被试者的优点，后三次评价则专门说被试者的缺点。当这四组被试者都听完该同学对自己的评价后，心理学家要求被试者们各自说出对该同学的喜欢程度。结果发现，最喜欢该同学的竟是先贬后褒组而不是褒扬组，因为这组的被试者普遍觉得该同学如果只是褒扬或先褒后贬均显得虚伪，只是贬抑显得不客观，而先贬后褒则最得客观与有诚心。

实验的结果，使心理学家们提出人际交往中的"增减效应"，即我们最喜欢那些对我们的喜欢显得不断增加的人，最不喜欢那些对我们喜欢显得不断减少的人；一个对我们的喜欢逐渐增加的人，比一贯喜欢我们的人更令我们喜欢他。当然，我们在人际交往中不能机械地照搬"增减效应"。因为我们在评价人时，所涉及的具体因素很多，仅靠褒与贬的顺序变化不能说明一切问题。倘若我们评价人时不根据具体对象、内容、时机和环境都采取先贬后褒的方法，往往会弄巧成拙。尽管如此，这种"增减效应"仍然有其合理的心理依据：任何人都希望对方对自己喜欢能"不断增加"而不是"不断减少"。不是吗，许多销售员就是抓住人们的这种心理，在称货给顾客时总是先抓一小堆放在称盘里，再一点点地添入，而不是先抓一大堆放在称盘里一点点地拿出。

我们老师在评价学生时难免将学生的优点和缺点都要诉说一番，可往往是采用"先褒后贬"的疗法，其实这是很不理想的评价的方法。我们不妨运用"增减效应"，这或许会增强评价的效果：当你评价学生时可以先说学生一些无伤尊严的小毛病，然后再恰如其分地给予赞扬……

六、幽默效应

幽默是人际关系中必不可少的"润滑剂"。人们都喜欢幽默的交谈者，喜欢听幽默的话语。具有幽默感的教师一走到学生中间，学生们就会感到快乐，沟通也就顺畅了。教师的幽默感，主要通过警句、格言、妙语和机智之言等形式予以表达。其共同的特点是：简明扼要地表达思想或说明事实。

教师的妙语、机智之言的幽默，在教育工作中具有良好的教育功能。教师的幽默，有助于引起学生的注意。幽默引起的笑声，能刺激肺部活动，改善呼吸，促进血液循环，使人充满活力。兴奋在大脑特定部位定位后，会不断地集中并相互诱导，形成兴奋中心。而兴奋中心周围大区域则呈现相对抑制状态，削弱对其他事物的注意，从而有助于引起学生的注意。在课堂上，有的学生昏昏欲睡。一位教师在黑板上写下"春风吹得学生醉，直把教室当卧室"的诗句，学生们在笑声中立即睡意全无，连打瞌睡的学生也全神贯注地听课了。

教师的幽默，有助于阐述问题和引导教育方向。幽默是机智的一部分，具有穿透力，通过无误的意会，有助于学生对事物和问题的深刻理解。此外，用幽默的方式来批评学生的一些不良行为时，具有"点而不破"的功效。既解决了问题，又不会严重损伤学生的自尊心，避免师生间直接的心理对抗，使学生在幽默中忍受或接受引导，其效果要比板起面孔的训诫好得多。一堂语文课上，教师请一个学生在黑板上默写一首七绝。这个学生刷刷地很快就把黑板写得满满的，字写得又高又大，引得其他学生都笑了起来。该生看着自己的"书法作品"亦颇有得意之感。这位教师待同学们静下来以后说道："这个同学的默写完成了，但是'字高字大'（自高自大）就不太好了！"这位教师针对学生在作业中所暴露出来的思想缺点，没有大发其火，也没有一本正经地进行批评教育，而是运用"谐音双关"的手法含蓄委婉地表达了自己的看法，使学生在思而得知后的笑声中受到教育。

教师的幽默，也可用来缓解师生之间的紧张气氛。一次，有位教师带着教科书急匆匆去上课，到教室门口发现门紧关着，他用力推也没有推开，等了一会儿，上课铃响了，还不见有人开门。此情此景，着实令这位教师火冒三丈。他转身从后门走进教室，教室里顿时寂静无声，学生们都在等待"电闪雷鸣"的到来。可学生们却出乎意料地看到这位教师的笑脸，出乎意料地听到和蔼而幽默的语言："当今社会上的确有很多人喜欢走'后门'，但我不喜欢，今天是个例外，以后我坚决不走，也希望同学们不要让我再走了。"学生们一下就大笑起来，紧张的气氛也随之缓和下来。

妙语连珠的幽默，虽然是调节人际关系的润滑剂，具有多重的教育功能，但也不是万能的调料。用美国心理学家卡耐基的话来说："幽默只是蛋糕表面的糖和夹层的巧克力，并不是蛋糕本身。"所以，运用必须适时、适度，并且要绝对避免把幽默变成讽刺挖苦、伤害学生自尊心的工具，或变为低级趣味的逗笑。

有一位教师，一向以"幽默"自居，为了营造轻松的课堂氛围，"迎合"学生的口味，总喜欢在教室里"幽默"一下。你瞧，一位学生长水痘却带病上课，脸上涂满了蓝色的药水，这位教师看到后，为了体现自己的幽默，随口就说："蓝色的多瑙河。"课堂气氛是活跃了，然而那位学生却怎么也开心不起来，因为这是教师说的，具有"法律效力"。

在一堂公开课上，上课教师为了活跃课堂气氛，激发学生的参与热情，一改传统课堂教学模式，来了个"能力大比拼"，将全班学生分成男女两组，并很"噱头"地告诉学生，如果哪一组赢了，奖品丰厚，"西装一套"，看到如此幽默而又阔气的教师，听到如此诱人的奖品，学生群情激昂，跃跃欲试，男女学生自然都不甘示弱。由于全班学生密切配合，积极参与，教师如愿完成教学任务，结果男生以微弱的优势获得胜利，教室顿时像炸开了锅似的。下课铃声过后，看到教师还没有兑现，一些男生迫不及待地向教师索要奖品。熟料，那位上课教师却耸耸肩，幽默地告诉学生："如果哪位学生要奖品，就到前面来把我的西装一'套'。"学生大呼上当，有一种受欺骗和被愚弄的感觉。

有一个心理学家曾组织一批学生听两位教师讲课。一位教师满堂诙谐；另一位教师"亦庄亦谐"。听课后，要求学生指出两位教师的突出优点。大多数对前者的评价是"有趣"，而对后者的评价是"有水平"。

让自己以幽默的方式教育和引导学生走向成功确实是灵丹妙药，关键是要幽到闹处、默到无声。教师平时可积累大量的代表正能量的幽默"素材"，并恰到好处地用到教育、教学活动中，其效果往往事半功倍。

七、拍球效应

拍篮球时，用的力越大，篮球就跳得越高。

对学生的期望值越高，学生潜能的发挥就越充分，学生取得的成绩也就越高。然而批评学生的不良行为时，教师的火气越大，学生的抵触情绪也越强烈。

优秀的老师相信"好孩子是夸出来的"。因此总是尽可能多地信任学生，不断地鼓励学生；而批评则尽可能委婉，避免矛盾激化。

八、刻板效应

刻板印象指的是人们对某一类人或事物产生的比较固定、概括而笼统的看法，是我们在认识他人时经常出现的一种相当普遍的现象。我们经常听人说的"长沙妹子不可交，面如桃花心似刀"，东北姑娘"宁可饿着，也要靓着"，实际上都是"刻板印象"。

刻板印象的形成，主要是由于我们在人际交往过程中，没有时间和精力去和某个群体中的每一成员都进行深入的交往，而只能与其中的一部分成员交往。因此，我们只能"由部分推知全部"，由我们所接触到的部分，去推知这个群体的"全体"。

刻板印象一经形成，就很难改变，因此，在日常生活中，一定要考虑到刻板印象的影响，例如，市场调查公司在招聘入户调查的访问员时，一般都应该选择女性，而不应该选择男性，因为在人们心目中，女性一般来说比较善良、较少攻击性、力量也比较单薄，因而入户访问对主人的威胁较小。而男性，尤其是身强力壮的男性如果要求登门访问，则很容易被拒绝，因为他们更容易使人联想到一系列与暴力、攻击有关的事物，使人们增强防卫心理。

"物以类聚，人以群分"，居住在同一个地区、从事同一种职业、属于同一个种族的人总会有一些共同的特征，因此，刻板印象一般说来都还是有一定道理的。

"人心不同，各如其面"，刻板印象毕竟只是一种概括而笼统的看法，并不能代替活生生的个体，因而"以偏概全"的错误总是在所难免。如果不明白这一点，在与人交往时，"唯刻板印象是瞻"，像"削足适履"的郑人，宁可相信作为"尺寸"的刻板印象，也不相信自己的切身经验，就会出现错误，导致人际交往的失败，自然也就无助于我们获得成功。

孩子都是向上的。在成长的过程中难免会出现这样或那样的"差错"，这些"差错"绝对是成长中的"瞬时行为"，教育工作者不能因此留下"深深的印象"。从而，以此"标尺"去评价学生，影响学生的健康成长。

九、南风效应

法国作家拉封丹曾写过一则寓言，讲的是北风和南风比威力的故事。也就是看谁用办法使行人把大衣脱掉。北风不假思索首先来了一阵冷风，凛凛刺骨。这样，行人为了抵御北风，便把大衣裹得严严实实，毫无脱意。而南风则不然，它徐徐吹动，使人暖意渐生。行人在不知不觉中先解开了纽扣，继而脱掉了大衣。南风获得了胜利。

南风效应告诉人们宽容是一种强于惩戒的力量。教育孩子同样如此。那些一味批评孩子的父母，最终会发现孩子越来越听不进他们的话。每个孩子都有可能犯错误，父母要容忍孩子的缺点，客观、理智、科学地处理日常生活中孩子出现的各种问题。

教师教育学生要讲究方法，你对学生拍桌、打椅，甚至体罚，会使你学生的"大衣裹得更紧"；采用和风细雨"南风"式的教育方法，你会轻而易举地让学生"脱掉大衣"，达到你的教育目的，收到更好的教育效果。

十、巴纳姆效应

我是谁，我从哪里来，又要到哪里去，这些问题从古希腊开始，人们就开始问自己，然而都没有得出令人满意的答案。然而，即便如此，人从来没有停止过对自我的追寻。人常常迷失在自我当中，很容易受到周围信息的暗示，并把他人的言行作为自己行动的参照，从众心理便是典型的证明。

其实，人在生活中无时无刻不受到他人的影响和暗示。比如，你会发现这样一种现象：一个人张大嘴打了个哈欠，他周围会有几个人也忍不住打起了哈欠。有些人不打哈欠是因为他们受暗示性不强。哪些人受暗示性强呢？可以通过一个简单的测试检查出来。

让一个人水平伸出双手，掌心朝上，闭上双眼。告诉他现在他的左手上系了一个氢气球，并且不断向上飘；他的右手上绑了一块大石头，向下坠。三分钟以后，看他双手之间的差距，距离越大，则暗示性越强。认识自己，心理学上叫自我知觉，是个人了解自己的过程。在这个过程中，人更容易受到来自外界信息的暗示，从而出现自我知觉的偏差。

在日常生活中，人既不可能每时每刻去反省自己，也不可能总把自己放在局外人的位置来观察自己。正因为如此，个人便借助外界信息来认识自己。个人在认识自我时很容易受外界信息的暗示，从而常常不能正确地知觉自己。

心理学的研究揭示，人很容易相信一个笼统的、一般性的人格描述。即使这种描述十分空洞，他仍然认为反映了自己的人格面貌。曾经有心理学家用一段笼统的、几乎适用于任何人的话让大学生判断是否适合自己。结果，绝大多数学生认为这段话将自己刻画得细致入微、准确至极。下面一段话是心理学家使用的材料，你觉得是否也适合你呢？

你很需要别人喜欢并尊重你。你有自我批判的倾向。你有许多可以成为你优势的能力没有发挥出来，同时你也有一些缺点，不过你一般可以克服它们。你与异性交往有些困难，尽管外表上显得很从容，其实你内心焦急不安。你有时怀疑自己所做的决定或所做的事是否正确。你喜欢生活有些变化，厌恶被人限制。你以自己能独立思考而自豪，别人的建议如果没有充分的证据你不会接受。你认为在别人面前过于坦率地表露自己是不明智的。你有时外向、亲切、好交际，而有时则内向、谨慎、沉默。你的有些抱负很不现实。

一位名叫肖曼·巴纳姆的著名杂技师在评价自己的表演时说，他之所以很受欢迎是因为节目中包含了每个人都喜欢的成分，所以他使得"每一分钟都有人上当受骗"。人们常常认为一种笼统的、一般性的人格描述十分准确地揭示了自己的特点，心理学将这种倾向称为"巴纳姆效应"。

每个学生，不管他过去和现在怎么样，在其内心深处总有向上的念头。有时羡慕他人的成功，常常是自我要求上进的心理折射。教师的责任在于点燃学生埋藏在心灵深处的希望之火，激发他们潜在的能量。所以，教师在对学生评价时，必须坚持一分为二，哪怕是最差的学生，也要善于找出他的闪光点。

在为学生写评语时，可以把握总体，适当抽象，过分拘泥于具体情节，容易使学生产生老师老抓住小事不放的感觉。应该有的放矢，体现个性，否则评语就会失去应有的教育效果。

十一、角色效应

有位心理学家通过观察发现：两个同卵双生的女孩，她们的外貌非常相似，生长在同一个家庭中，从小学到中学，直到大学都是在同一个学校，同一个班内读书。但是她俩在性格上却大不一样：姐姐性格开朗，好交际，待人主动热情，处理问题果断，较早地具备了独立工作的能力。而妹妹遇事缺乏主见，在谈话和回答问题时常常依赖于别人，性格内向，不善交际。

是什么原因造成姐妹俩在性格上有这样大的差异呢？主要是他们充当的

"角色"不一样。在生下来后，她们的父母在对待她俩的态度上大不一样。尽管她们是孪生姐妹，但她们的父母就责成先出生的为"姐姐"，后出生的为"妹妹"。姐姐必须照顾妹妹，要对妹妹的行为负责，同时也要求妹妹听姐姐的话，遇事必须同姐姐商量。这样，姐姐不但要培养自己独立处理问题的能力，而且还扮演了妹妹的"保护人"的角色；妹妹则当然充当了被保护的角色。

可见，充当何种角色对孪生姐妹的性格异样是关键的因素。其实，并非只是孪生子才有"角色效应"，正常的人都会受到角色的影响。充当"知识分子"这个角色，就会受到"文质彬彬"等一些角色要求的影响；充当"教师"这个角色，就会有"为人师表"等角色要求。它就像"魔绳"一样，把你紧紧地捆束在这个角色之中。

同样，学生在校、班、组中所充当的角色也就影响了他的性格。日本心理学家研究了班级指导对"角色"加工的意义。他们在小学五年级的一个班里进行了实验。这个班有 47 名学生，他们挑选了在班级中地位较低的 8 名学生，任命他们为班级委员，在他们完成工作任务的过程中给予适当的指导。一个学期过后进行测定，发现他们在班级中的地位有显著的变化，第二学期选举班干部时，这 8 名学生中有 6 名又被选为班级委员。另外，也观察到这 6 名新委员在性格方面，诸如自尊心、安定感、明朗性、活动能力、协调性、责任心等都有所变化。从全班的统计来看，原来不积极参加班级活动的孤僻儿童的比例也大大下降了，整个班级的风气也有所改变。

学生的性格形成在很大程度上是受"角色"影响的。那么，怎样来发挥角色的良好效应呢？

第一，教师可以运用伙伴选择法（即社会测量法），描成人际关系图和人际矩形图，从中可以看出每个学生在班级中所处的地位。如哪些是"人缘儿"，哪些是"嫌弃儿"，哪些是"中间型"的。然后采取措施，用充当角色的方式促使"嫌弃儿"发生变化，如让"嫌弃儿"充当图书管理员或其他一些必定要与同学们发生交往的角色。

第二，班干部、团干部等角色最好也能让每一个同学都有机会充当——即"全员参与、全方位体验"以促使"内心"无条件地接受"角色"所赋予的各种条件，进而无条件地"遵守"。

十二、跳蚤效应

心理学家将一只跳蚤放进没有盖子的杯子内，结果，跳蚤轻而易举地跳出杯子。紧接着，心理学家用一块玻璃盖住杯子，于是，跳蚤每次往上跳时，都因撞到这块玻璃而跳不出去。不久，心理学家把这块玻璃拿掉，结果，跳蚤再也不愿意跳了。

其实，在很多情况下，人也和跳蚤一样：经过一段时间的努力而没有达到预定目标时，便灰心丧气，认为这件事自己永远都办不到，并忽视自身力量的壮大和外界条件的改变，放弃实现目标的努力。久而久之，形成思维定势，陷在失败的经验中爬不出来，一次次丧失唾手可得的机会，最终一事无成，白白耗费一生。

有位哲人说过："有些人遇到挫折，就轻易放弃；结果往往是在距离金子3英寸的地方停下来。"伟人之所以是伟人就是能不屈不挠地去实现预定目标，即使遇到再大的困难，也永不放弃。

十三、登门槛效应

日常生活中有这样一种现象，在你请求别人帮助时，如果一开始就提出较大的要求，很容易遭到拒绝。而如果你先提出较小的要求，别人同意后再增加要求的分量，则更容易达到目标，这种现象被心理学家称为"登门槛效应"。很多研究都证明了登门槛效应的存在。加拿大心理学家研究发现，如果直接提出要求，多伦多居民愿意为癌症学会捐款的比例为46%；而如果分两步提出要求，前一天先请人们佩戴一个宣传纪念章，第二天再请他们捐款，则愿意捐款的人数的百分比几乎增加一倍。心理学家认为，一下子向别人提出一个较大的要求，人们一般很难接受，而如果逐步提出要求，不断缩小差距，人们就比较容易接受。这主要是由于人们在不断满足小要求的过程中已经逐渐适应，意识不到逐渐提高的要求已经大大偏离了自己的初衷。这是因为，人们都希望在别人面前保持一个比较一致的形象，不希望别人把自己看作"喜怒无常"的人。因而，在接受别人的要求，对别人提供帮助之后，再拒绝别人就变得更加困难了。如果这种要求给自己造成损失并不大的话，人们往往会有一种"反正都已经帮了，再帮一次又何妨"的心理，于是，登门槛效应就发生作用了。

不仅是对别人，登门槛效应对自己也发生作用。在 1984 年的日本东京国际马拉松邀请赛和 1986 年的意大利米兰国际马拉松邀请赛中，名不见经传的矮个日本选手山田本一出人意外地两次夺冠，令人们大惑不解。十年后，他在自传中解开了这个谜："每次比赛之前，我都要乘车把比赛的线路仔细地看一遍，并把沿途比较醒目的标志画下来，比如第一个标志是银行；第二个标志是一棵大树；第三标志是一座红房子……这样子一直画到赛程的终点。比赛开始后，我就以百米的速度奋力向第一个目标冲去，等到达第一个目标后，我又以同样的速度向第二个目标冲去。40 多公里的赛程，就被我分解成这么几个小目标轻松地跑完了。起初，我不懂这样的道理，我把目标定在 40 多公里外的终点上的那面旗帜上，结果我跑到十几公里就疲惫不堪了，我被前面那段遥远的路给吓倒了。"在这里，山田本一运用的策略可以称为"目标分解法"。

在教育教学管理中，我们也可以运用"登门槛效应"，对教师、学生先提出较低的要求，待他们按照要求做了，予以肯定、表扬乃至奖励，然后逐渐提高要求，使每个人都乐于无休止地积极奋发向上。尤其是对年龄较小的孩子的教育引导，使用目标分解法，运用循序渐进原则，则更会奏效。

事实上，在生活中人们都在自觉、不自觉地运用登门槛效应。一些不法分子拉拢、腐蚀青少年总是从一支烟、一杯酒慢慢引诱他们上钩的。一些学生生活上追求超前消费，也往往是从五元、十元，层层加码开始。如果失去警觉，步步退让，防线不断被冲破，那么，学生的不良思想品德便会在步步退让中发展。所以，登门槛效应的负面运用也应当引起重视。

十四、80/20 效应

公司 80% 的利润是 20% 的人创造的，对 20% 的人的管理却要花费 80% 的时间和精力。有些 20% 的付出可能给你带来 80% 的业绩，而付出 80% 的劳动可能只有 20% 的回报。

班级管理中，80% 的学生可能只要花费 20% 的时间，而还有 20% 的学生却要投入 80% 的精力。学习上，有时候 80% 的知识只要花费 20% 的时间，而某些 20% 的知识点却需要 80% 的投入。80/20 效应告诉我们，工作学习要善于抓重点，一些小的失误可能给你带来较大的影响。实施素质教育中，既要培优，又要转差，"一个都不能少"。

十五、安泰效应

安泰是古希腊神话中的大力神,是海神波塞冬与地神盖娅所生。他力大无穷,无往不胜。因为他在战斗无力时,只要靠在大地上,就能从大地母亲那里汲取无穷的力量而继续作战,直至打败对手。敌人发现了他的秘密,诱使他离开地面,在空中杀死了他。

学生失去了班集体,生活学习因孤立无力而事倍功半;教师失去了学生的拥护和支持,能力再强也会马上变得软弱无力;校长失去了老师集体的拥护和爱戴,只能是孤掌难鸣。因此,要学会依靠大家,依靠集体,"我为人人"才有可能"人人为我"。失去了力量的源泉,能力再强,也终有失败的时候。

十六、磁化效应

一般普通的铁都具有磁性,但通常情况下其磁性不能像磁石、磁铁那样显示出来,因为其内部分子结构凌乱,正负两极磁性互相抵消了,而用磁石加以引导后,磁铁分子变得井然有序,从而就具有了磁性,具有了吸引力。

一个优秀集体的形成,同样也需要一种良性的外力作用加以引导。校长有人格魅力,才会有一个团结上进的教师集体;班主任有人格魅力,才会有一个和谐奋进的班级;老师有人格魅力,才会有学生对其所教学科的喜爱。"一个好的校长就是一所好的学校","亲其师,信其道",讲的正是这个道理。

十七、贝尔效应

英国学者贝尔天赋极高。有人估计过他毕业后若研究晶体和生物化学,定会赢得多次诺贝尔奖。但他却心甘情愿地走了另一条道路——把一个个开拓性的课题提出来,指引别人上了科学高峰,此举被称为贝尔效应。这一效应要求领导者具有伯乐精神、人梯精神。在人才培养中,要以国家和民族的大业为重,以单位和集体为先,慧眼识才,放手用才,敢于提拔任用能力比自己强的人,积极为有才干的下属创造脱颖而出的机会。运用到教育领域,就要求老师要慧眼识英才,对一时表现不良的学生不要歧视,而要大胆鼓励、充分肯定每一个学生必成大器。想方设法为学生们创造一流的成才环境,提供尽可能的全方位服务,让学生在你的教育、指导下健康成长。

十八、潘多拉效应

古希腊神话中的大神宙斯，一次派侍女潘多拉传递魔盒。在给潘多拉魔盒时，宙斯叮嘱她千万不能打开。然而，宙斯的告诫，反倒激起潘多拉不可遏制的好奇和探究欲望，于是她不顾一切地打开魔盒。结果，所有罪恶都跑到了人间。

人们往往有一种心理倾向，越是禁止的东西，如果没有说明可以为人们接受的充足的禁止原因，那么，禁止本身就会引起假设、推测，反而常常诱发人们的好奇心理并引起探究反射，形成与禁止相悖的意向，这就是禁果逆反。心理学把潘多拉打开魔盒的神话，称之为"潘多拉效应"。

好奇、探究是学生的重要心理特点，在教育过程中我们要善于引导。例如，在教育过程中，教师要对一些有害或不良的书刊以及活动下禁令，若未作充分的说明，而只是简单下禁令，那么，这样做只会增加被禁止的书刊、活动的神秘色彩。学生，尤其是那些非顺从型人格的学生，往往会因此而去尝试，大大违背了教师的初衷。所以，老师在做出某项禁令前，必须认真疏导，充分说理，晓以利害，这样才能防止可能出现的禁果逆反心理，减低潘多拉效应的强度，达到预期目的。教师有时也可利用潘多拉效应产生积极的教育效果。有这样一位老师，她班上有个"后进生"总认为班主任对他有成见，那本从不离手的工作手册上记下了他一笔笔"黑账"。怎么消除这种误解呢？一次，这位班主任故意将工作手册"忘"在讲台上，那个学生禁不住逆反心理的支配，偷看了手册，结果发现老师在手册里记了许多他的闪光点，从此误解消除了，他也乐意接受老师的教育了。

当今成长中的青少年面临着日益增长的心理压力，帮助他们提高自身的心理素质是每一位教育工作者的职责。要提高教育的实效性，首先必须要走进学生的内心世界。心理学的原理就是进入这道"心门"的钥匙。教师只有掌握了这把钥匙，才能开启学生的心智之门，最终实现教育的目标。也只有打动人的教育，才是有效的教育，才是真正的教育。

十九、空白效应

心理实验表明，在演讲的过程中，适当地留些空白，会取得良好的演讲效果，这就是空白效应。

空白效应在批评时的合理运用会取得较好的效果。如：批评之后最好留有时间让学生自己去思考，自己去责备。这样，学生就不会有一种被"穷追不舍"之感，反抗心理就会锐减；相反如果喋喋不休地批评学生，会使学生心扉紧闭，效果极差。

第二节　营造高效可控的班级教学氛围

一、课堂秩序调控

总体要求：威严，亲和。威严是严格，但不等于批评。亲和是赏识，但不等于嬉笑。

课堂调控是一个立规矩的过程，即听、看、读、写、演、站、坐等有什么规矩、要求的过程。

二、内容调控（软调控）

（1）内容调控：把学习内容迁移到学生身上。整堂认字课调控的语言很少。

（2）语言调控：语气、语调抑扬顿挫，或高或低，或快或慢，或走或停。用正面语言，如，看这里；大家看图片；大家看老师。

（3）神情调控：生动、吸引人。充分调动眼睛、嘴巴、表情去演绎。老师的眼睛要时时关注每个孩子的上课状态（上课前的几分钟）。

（4）表演调控：让学生身临其境。老师表演和学生表演相结合，动静结合。

（5）节奏调控：紧凑调控，语言稍快，简练。表演、内容都要简洁，到位就好，不要过多修饰。不要有多余的语言；不给学生一分钟闲置的时间。

（6）环节调控：用下一个环节去调控，环节与环节之间直接进入，不要有总结调控语。

（7）游戏调控：游戏插入，游戏要为教学服务。要充分做起来。

（8）动作调控：用手势、站位、姿态来调控。看见老师从座位上站起来，看见老师伸出大拇指，看见老师的眼睛看着大家了，看见老师出示暂停的手势，看见老师把手指放在嘴唇中间等。

（9）歌曲调控：用歌曲、儿歌、诗词、绕口令、谜语等调控。

（10）比赛调控：学生分组比赛，老师与学生比赛，学生自我比赛。评比要体现公平性和紧张感，不要差距太大。比赛以两组集体进行比较好，不要一组一组进行。

（11）表扬调控：大家都不太好，表扬一人，带动一片。大家都很好，有一人不好，表扬一片，带动一人。学生拖长音读书时，老师不应说："你再这样读，站起来，请你读10遍。"而应改为："哦，全体同学都读得很好，都可以拿到奖花，就只有张小兵没有奖花了，因为你拖长音，马上改正，才能给你奖花，我们再来读一遍。"

（12）幽默调控：运用幽默的语言、动作、情节来调控。

（13）故事调控：讲故事、编故事调控。

（14）教导调控：利用恒爱品质来调控。

（15）图片调控：网上收集一些图片，增强吸引力。

（16）动画调控：网上下载动画片，看动画，讨论动画，增强吸引力。

三、形式调控（硬调控）

（1）奖励调控：奖花、奖品、学具等都可以用来奖励，但要充分为学习内容服务。

奖花、分数等奖励要和任务紧密结合起来，每一项任务的下达之后说明奖励的东西。

个别奖励要迁移到全体。指名回答时，一个同学回答对了，应和其他举手的同学说，你们的答案和他一样的都有奖花。分组时，一个组回答，另一个组的同学的答案也是一样，也给予奖花。奖花、星星等不能只奖励给站起来回答的某一个同学，这对其他举手而没有被叫到的同学来说是极不公平的。分成两个组的：不能连着几次都叫同一个组的同学回答，然后这个组的星星就一下子增加。这都是不公平的。

（2）规矩调控：动有序，静无声。动转静则停，静转动则起。讲规矩一定要到位。如果老师发出了上课的信号，如关门、拍手等，就必须每个同学都要做到，不得有一个没做到。如老师说"坐端正，我来发奖花"，结果有孩子没有坐端正照发。

（3）点名调控：上课中发现某个学生不专心，直接点名提醒，不要犹豫。

（4）约定调控：上课前或上课中与学生约定好，上课管住自己的给一个小礼物。

（5）批评调控：故弄玄虚，先严肃地批评，再大力表扬。

（6）家长调控：上课时，请家长坐旁边协助调控。

四、效果调控

（1）效果管控：学习效果好，学业成绩提高快。当学了多个单词后，会的举手，举高等。

（2）质量管控：质量高，自然对学习的人有吸引力，同时也有制约力。

（3）集体教学：尽量少一点个别教学。

（4）环境管控：环境布置高雅，对环境中的人有制约作用。

第一堂课的组织：上课不看家长，桌子上不放东西，有人迟到不去注意，能自觉抵御周围的干扰（如凳子倒了，手机响了等），不摇动桌椅，坐的姿势、站的样子，举手的姿势等都要训练。

上台的调控：台上的小朋友看看台下的谁坐得最好，台下的看看台上的谁站得最好。

请坐得最好的同学上台。请一个同学上台后，说：下一个请听得最认真的小朋友上台。这样，一个同学在台上发言，其他同学仍然会专注地听，并且积极参与。否则，会有一部分同学只管自己做小动作。一般这种一个一个参与进行教学或学习的形式最好少用，它会降低学习效率。

声音低、动作慢的调控：某某最响亮，某某说得最快，某某动作最快等。

插话的调控：你最聪明，反应最快。老师还没有说完，你就知道答案，真的非常聪明。但是，你老是插话，也会影响我们上课，老师总是请你回答，别的同学没得回答，大家也会不喜欢你，如果你也让大家回答，把机会让给别人一下，你就是一个谦虚的人，一个懂得谦让的人了，老师就更喜欢你了。

生病的调控："老师我头痛"。"老师我肚子痛"等。老师立即当着全班同学的面表扬他：生病了还是这么认真，眼睛一直看着老师，真棒！我们要向他学习。然后再对他说：有病应该立即去看医生，如果能坚持就倚着桌子靠一会儿。

没有人举手：降低提问的难度。转换提问的方式。用奖花激励，某某举手举得最快，可以得到奖花了，第二朵奖花就看谁积极动脑筋，举手举得快，举得多，回答错没有关系，不举手就没有奖花。至少回答一次才有奖花。有同学读词、回答问题、举手等特别快时，要表扬他，并鼓励其他同学超过他。老师可以说：他最快，有奖花，看谁能超过他。

发东西调控：一般要先树一个示范。如发本子，先传一组，然后说：某某把作业本传下去了，就马上坐端正了。某某拿到奖花后还是坐得很端正。看看还有哪些同学也能像他这样，其他同学就会马上坐好的。如果笼统地对全体学生说把本子传上来就坐端正，就没有先树一个典型来带动全体的效果好。

五、课堂教师的语言行为调控技巧

（1）不做"开火车"游戏。如把卡发给每个小朋友一张，老师说一个词，学生站起来读1个"等"，这样的游戏，效率太低，不宜用。游戏全程花费5~10分钟，每个孩子却只复习了一个词语，且毫无趣味性，更容易纪律混乱。一个小朋友在读，其他小朋友这几分钟内都无所事事，就会开小差、讲话等。

（2）上课中不要把答案强加给学生。如：老师讲完一个知识点，问："小朋友们记住了吗?"见小朋友声音很轻。老师说："来，请快速地回答一遍。"仍然只有几个孩子回答，老师又说："小朋友再回答一遍，记住了吗?"小朋友的声音还是很轻，老师再说："再回答一遍。"小朋友才大声地说："记住了。"要善于引导学生非常自然地得出各种答案。这样"逼"出来的答案，往往事与愿违——说不定学生根本就没有懂。

（3）不要请小朋友去评价小朋友的回答与表现。所有评价基本上由老师决定或老师主导学生决定。小朋友的评价会不客观，然后互相埋怨、不服气，浪费课堂时间。

（4）老师的语言不能啰嗦。调控纪律时不要绕着圈说，如：学生声音比较轻时，老师说："好像只有老师一个人有精神，小朋友都没有精神了。某某小朋友很好，也和老师一样有精神。其他同学都没有精神了，你们好像都没有吃早饭? 来，精神提起来，再读一遍。"这里大部分是废话，改成：某某同学精神好，声音响亮，可以得到一朵奖花。其他同学立刻提起精神了。

（5）重复的话不要太多。如："翻到 11 页，马上坐好，翻到 11 页，马上坐好，11 页，翻到马上坐好，还有谁没有坐好？好的，都坐好了，真能干，好的。"又如：让学生想象时，老师说：像什么？像什么？一连说好几遍；学生说完了，老师又问学生说：像不像？像不像？又一连好几遍，一定要学生回答"像"才肯结束。

（6）老师的口头禅不能多。如经常有老师会出现简单的重复：怎么样，是不是，好不好，好的……

（7）表扬或者批评某一个小朋友时，老师不要只看着他一个人，而要看着全体同学，以免使他感到压抑。

（8）个别同学的问题千万不要全班化。老师可以通过眼神、手势、语言等提醒一下就可以了。不要 1~2 个同学的问题，大声地对全班同学说，这样反而把事态扩大。如有一个同学没有坐正，凳子歪了，老师对全班同学说：把凳子放正，结果有十几个小朋友都去挪凳子，有几个小朋友还站起来，把凳子放好，再坐下去。这样的问题只要暗示一下或轻轻点一下这个小朋友的名字，让他改正就好了。

（9）老师不能说：我们班人数比较多，今天又有人插班等话语，以免引起家长反感。

（10）老师在任何时候都不能埋怨学生上课不认真、上课很淘气、记性不好等。只有不断想办法，想出好办法。这个办法不行，再换别的办法来调整孩子学习的状况。老师忌说：这个班的学生真淘气。你家孩子真淘气。你家孩子上课很不认真等。

（11）学生纪律不好，不能用提高嗓音批评学生的形式来处理。

（12）老师严禁：发音不正确、不清楚、讲解不科学、第三节课时还叫不出学生的名字。

（13）用教鞭点黑板上的字时不要把字挡住，不能用手或教鞭敲黑板。

（14）老师禁语：怎么有声音？哪里有声音？这么吵的。等你们静下来，老师再读。还有小朋友在讲话。声音太轻了。你们是不是没有吃饭啊！怎么一点力气也没有，有点力气好不好？以上话语可以改成："老师要把奖花奖给某某、某某、某排小朋友，因为他们不讲话。他们念的声音响亮"。还有些禁语是要绝对杜绝的，如：你不学可以，但不要影响其他人！就你事多，快点，我很忙！你父母是干啥的？没见过像你这样的学生！我真的受不了你了！我知道，你改不了！你怎么越来越差了？不想听的可以睡觉！你要不想学就回去！我怎么一点都感觉不到你们年轻的朝气！

（15）模型：尽量用生活中的实物来讲解陌生的知识，以获得某种关联性。比如拿出红黄蓝三支粉笔来讲解太阳光的衰减。

（16）扮演：让比较活跃、思维不容易集中的学生扮演某些内容。比如城市、地形等。

（17）区分：不同程度、不同习惯、不同性格的学生特点不同。应当区分对待。比如，将学生分成若干小组，布置不同的作业，给予不同的关注。

（18）奖励：对犯错的学生也可以奖励。例如中秋节奖励犯错的学生每人一块月饼，并和学生聊聊。学生将永生难忘。

（19）表演：老师要有表演性，有丰富的肢体语言。例如讲解"惊蛰"：可以表演一位蹲在田边的农民，观察小虫子爬出来的过程。

（20）变化：讲课不要单调，语速、语气要经常变化，要吸引学生的好奇心。服装也可以适当地变化。

（21）着力看重：反其道而行。明明是调皮的学生，却反常的将一些重要的活交给他。比如把重要的笔记抄在黑板上。

（22）有心展示：好的作业可以展示，差的也可以。老师尽心修改的部分也可以展示。

（23）切忌过分：过量推演。喜欢抽烟是吧，一次塞10根烟到嘴里让你抽个够。喜欢和同桌说话是吧，两个人到前面来面对面站着说话等。

（24）禁止联坐：挑出个别学生，把处置权交给所有学生。如果大家认为他是害群之马，那么赶出去！如果大家给他一个机会，那么他的错误就由集体来承担——全班罚站5分钟。或哪个组作业交得最少，哪个组集体唱歌，集体罚站等。

第四章
解决"冲突"的奇思妙法

第一节　时差优选法

一、选准最佳时间教育学生

关于教育孩子的问题，家长和老师比较注重如何去教育孩子，而通常忽略了在怎样的时间去教育孩子，也就是教育孩子的时机问题。如果能选择比较好的时机去教育孩子，往往能收到事半功倍的效果。以下为教育孩子的七大最佳时机：

第一，在孩子取得成绩时。

孩子经过自己的努力，取得了一定的成绩，此时定会处于兴奋的状态，家长和老师一方面要对他的成绩给予积极的肯定，另一方面也要提出更高的要求和具体的任务，由于孩子此时心情舒畅，一般比较容易接受。

第二，在孩子对某一事物表现出浓厚的兴趣时。

兴趣是最好的老师。在孩子对某一事物表现出浓厚的兴趣时，做事的主动性会大大提高，因为这是他发自内心愿意做的事。此时，家长和老师要及时给予肯定和鼓励，激励孩子深入钻研，取得优异的成绩。

第三，在孩子看到他人取得成绩时。

看到别人取得成绩，孩子往往会暗自下定决心：我也要做出成绩来，而且要做得比他好！家长和老师要抓住这一时机，和孩子一块分析别人取得成绩的原因，然后对孩子提出适当的目标要求，最后一起探讨如何才能实现目标。

第四，和孩子一起外出旅游时。

孩子在和家长或老师一起外出旅游时，心情一般会比较舒畅。家长和老师在给他讲解旅游景点的来历或故事的同时，要有意识地教育他热爱祖国的大好河山，不能攀折花枝、乱涂乱写、用食物或脏物投掷动物、乱丢瓜皮果壳等。

第五，当孩子出现过错时。

孩子犯了错误后，内心会产生愧疚感，此时对家长和老师的教诲容易接受，也愿意改正自己的过错。家长和老师要和孩子一块对错误产生的原因进行分析，明确指出孩子的问题所在。但要注意，千万不要过分唠叨，不能一味地批评和指责孩子，循循善诱常常会收到振聋发聩的效果。

第六，在孩子遇到困难时。

一旦遇到困难和挫折，孩子往往容易失去信心。此时，家长和老师要积极地肯定孩子的成绩，对他的不足之处予以点拨，一块探讨解决困难的方法，帮助他重新树立信心，走出困境。在战胜困难后，孩子的自信心会大大提高，以后遇到同样的问题也会知道如何去解决。

第七，在新学期开始时。

在新学期开始时，孩子会进入一种新的学习环境，从而产生一种新的求知欲望，此时家长和老师若因势利导，一定会取得理想的效果。

二、定期来一次"绩效谈话"

班主任和学生之间的互动关系当中，需要有一个定期的反馈机制。学生在学习当中需要老师给他持续的反馈。原则上老师应该每个月都要跟学生做一次正式的"绩效谈话"，形式最好是一对一的形式。以下是一个"绩效谈话"的标准程序：

（1）说明会谈的目的和时间：我们用10分钟对你上一阶段的学习做一个总结。

（2）学生自评：谈谈你对上一阶段学习的总体感受，做得好的是哪些地方，需要成长进步的还有哪些地方。

（3）老师评价：我认为你上个阶段做的情况是……

（老师进行业绩评价要明确告知考核结果，成绩是哪些？不足是哪些？要举事实）

（4）与老师达成一致：对于以上的总结你还有什么意见吗？

（5）就能力不足达成共识：上面的学习总结主要反映了你在学习中还有哪些能力不够。

（6）制订改善计划：我们谈谈提升你学习能力的具体计划。

（7）共同制定下一期的学习目标：确定不同学习的先后顺序与重要性，老师提供支持，作出承诺，并记录归档。以督促师生共同为新的目标而奋斗。

事实证明绩效谈话就是一个不断地给学生进行修正、加油、调整的过程。你调整的密度越高，你的工作效率、学生的配合度就会越高。如果你半年不找一个学生谈话，一定会有问题的，你不能了解他的真实现状，当问题爆发时就难以挽回了。

三、及时反馈很重要

"我的学习怎么样？""我做得对吗？""我可以这样做吗？"其实，学生很希望听到你对他们的评价或看法。要做到有效反馈，你的反馈就需符合以下七个特点。

（1）及时。无论是对学生良好的学习表现给予肯定，还是为了纠正错误的行为，抑或是当学生向你提出问题或请求时，你的反馈都应当及时，千万不要拖延，更不可不给予反馈。如果一时半会儿还回答不了学生的某个问题，一定要告诉他你什么时候给予答复并履行承诺。

（2）肯定。指导不仅仅是纠偏，还具有激励的作用。如果学生在哪一方面表现好，就要给予肯定，他会继续保持下去。如果表现欠佳的学生有所进步，也要给予肯定，他就会再接再厉。使一种好行为得以保持下去的最好方法就是对它进行鼓励、再鼓励。

（3）正面。不指出学生的问题，无论你出于何种目的，都是你的失职。但是，指出问题不是简单地批评一顿了事。你需要让表现欠佳的学生明白问题出在哪个环节，如何改进，并督促他付诸行动。当你将事实告知学生时，他们会对你更加敬佩，虽然有些事实会令人很难接受，但良药苦口利于病。

（4）具体。表扬一个学生要说出他好在哪里，指出问题时更要摆出具体事实。泛泛而谈不具有说服力和影响力。

（5）就事论事。比如："你上个月就犯过这个错误。"这会让学生感觉到你不是在做指导而是指责他不长进。就事论事容易让人接受。如果你点出的是去年的事，学生恐怕早已忘记了，还有可能反驳你："我什么时候犯过这个错？"

（6）评价行为而不是动机。比如，"你不用心"这只是你的感觉或猜测，未必是事实。正确的应当是客观描述学生的行为，然后让学生告诉你为什么会发生这样的差错。

（7）私下的。当着大家的面表扬一个学生会让他感觉很好，但是，公开地批评学生一定会令其不爽。人们不会认为公开的批评是指导，只会把它视为惩罚，甚至羞辱。

如果你希望表现不好的学生有改进，最好将谈话地点安排在无人打扰的办公室或会议室进行。一是表明你严肃的态度，二是对学生"自尊心"进行有效保护，这种私下交流学生更能听得进去。

第二节　地域沟通法

教育惩罚的根本原因是师生行为语言的"冲突"。只要解决了"冲突"，师生就会在和谐的氛围中，分析问题，解决问题。

一、有效距离法

根据美国文化人类学家赫尔（E. T. Hall）的研究：

个人方圆 1 米以内为亲密领域，只有很亲近的人才能靠近。例如父母、好友或兄弟姐妹等。

个人方圆 1.2 米至 1.25 米以内为个体领域，靠近的人可以是同事、同学、学生、一般朋友等。

方圆 1.25 米至 3.5 米为社会领域，此区域内可以是邻居、泛泛之交等。

方圆 3.5 米以外，属公众领域，你与他偶尔相见，彼此是陌生人。

在"自主空间"内得到足够安全感的人，他（她）才容易敞开心扉，愿意和我们沟通。

因此，对于刚考砸了考试或做"错"了事的孩子，你要用"微笑"吸引他（她）到你们彼此之间的"安全距离"之内，再动之以情、晓之以理，他（她）就会轻松地接受你的"教导"。

还有一种"走向对方"的近距离沟通法，即缩短彼此之间的距离，主动向前一小步。因为"走向对方"就表达了你有与对方沟通的诚意，而诚意是成功不可或缺的一环。当你碰到信心不足的孩子时，你若能在人群中叫出他（她）的名字并"积极"地向他（她）走过去，你要向他（她）灌输的"思想"，90%以上是会被接受的。

二、"间隔"沟通法

当班主任往往会遇到这种情况：学生捣乱犯大错"情绪"处在"最高潮"。这时老师去劝他（她），他（她）会偏偏不买你的账，有时给予你的是没有语言回应，甚至是面无表情。遇到这种情况，我们不妨采用"三步"沟通法，效果往往会事半功倍。

当遇到类似尴尬的情形时，第一步，就是用简短的语言指出你要与他（她）将要沟通的重要信息："就这事，恐怕你一下子想不通，没关系，等你想谈的时候再说。"这样做，一方面给自己台阶下，另一方面让对方有空调整一下自己的心情。对于"打架"的双方，老师也以让他（她）们暂时离开一下。"择机"进行第二轮沟通。

如果是师生之间的事，老师在约学生沟通时，要心平气和地"摆事实，讲道理"让他（她）"输得""口服心服"，进而对其进行全方位教育，他（她）就会耐心倾听，并从心底里要求老师监督他（她）的行为：一定会改正的。如果是学生打架的双方，老师要给学生双方转运的机会。对打架的起因、发展、高潮、结尾等做全面的调查、取证（单独分开），并作好图。然后，让学生逐图检查自身的对与错、得与失。

很多人都会有这样的体验：某一个问题，一时找不到答案，如果暂时放开它，说不定等会就有"灵感"出现，问题就会"迎刃而解"。

三、努力让环境"新鲜"

当学生长时间在某一环境下学习之后，很容易成为学习骨干，但日复一日地重复相同而琐碎的事务，就有一种被掏空了的感觉，自己无法左右自己的学习。长此以往学习的积极性自然下降。

陌生的学习环境可以让学生感到好奇、兴奋、新鲜。什么事都想跃跃欲试。老师可以想办法为学生创造各种陌生环境。比如：课堂教学方法的更新，学生座位的异动，介绍新的竞争机制，让学生在不同平台上向着同一目标奋进，请别班的同学来介绍经验，参观优秀班级的"班级文化建设"等。

只有让学生好奇、兴奋、新鲜的心态永远存在，学生们才会拥有学习的热情和动力。

第三节　言语沟通法

一、言语沟通法

当你主动去关怀、了解和肯定对方的感觉和需要时，对方自然也能从我们身上学到好榜样，而更加善解人意。以下列举的在师生之间可以运用的衔接语言仅供大家参考。

（1）你说得真有道理。

（2）我赞同你"……"这部分的看法，另外我也提出一些意见作参考。

（3）我很欣赏你能勇敢地把内心的话说出来。

（4）太棒了，我佩服你的见解。

（5）恭喜你，你已经做了一个明智的决定。

（6）老师以你为荣。

（7）真的，你讲的话特别有道理。

（8）不容易呀！你做了这么多题目。

（9）你考虑得非常周到。

（10）我支持你的想法。

（11）有意思，你的见解很特别。

（12）我相信你能做到。

(13) 我对你很有信心。

(14) 你做得太棒了。

(15) 你是大家学习的榜样。

二、设立"建议方法奖"

有一家公司，只要提出好的建议就付给报酬，即使你的建议微如芥子，也能受到奖励。哪怕仅是改变一下办公室的布置，也不例外。

卡佳是这家公司的制图员，为了查找资料，每天她都是要到资料室跑好几趟，又累又烦人。有一次，卡佳看着办公室，突然想起可以调整一下办公室的位置，使它们挨得紧一些，这样就可以腾出一块空间放几个书柜贮存资料了。

卡佳把这个想法向上司一说，上司也觉得这个建议很好，就采纳了。此后，卡佳办公室的同事们再也不用每天跑资料室了，资料就放在办公室里，既节省了时间，又节省了精力，两全其美。

卡佳这个"改变房间布置格局"的建议成了一种创造。根据发明创造奖的标准，卡佳每年获得相当于纯节约额25%的奖励金额。

现代的很多企业，都建立了"建议奖"制度，企业需要鼓励员工以公司为家，时刻关注企业的发展，参与管理，多提合理化建议。班级管理也是这样。班主任应多多鼓励学生对班级管理不时地提合理化建议，对功课的学习方法要不断地由学生更新，所有"建议方法"都要进行及时的褒奖。这样，既可以引导学生进行创新，又可以活跃班级管理气氛，是"一箭双雕"的好事。

三、教育要面对你所有的学生：他（她）们没资格颓废

我的一位朋友，很年轻就成为一所重点大学的副教授，大家都很羡慕她。我很想知道她成功的秘诀，出乎意料，我得到的答案却是：别颓废，你没有资格！

她对我讲了她的经历。她高中毕业后只考取了一个技校，技校毕业后，刚刚分配到工厂，这个工厂就倒闭了，她只上了两天班就下岗了。之后，她找到一份工作，没过多久经人介绍有了男朋友。她原本打算成家后就过相夫教子的生活，没有想到，这个男友与她交往了半年多，竟然嫌弃她没有正式工作，与她分手了。失恋让她痛苦不堪，她觉得自己什么都没有了，竟然连爱情都守不

住。她连续几天都失眠,她对自己的人生思考了很多。

她想,如果她就此颓废了,这一生将惨不忍睹。她不想浑浑噩噩,无所作为地了结此生,如果想改变现状,就一定要振作起来。知识,只有知识能够改变命运。于是,她报名参加了一个高考补习班,补习了一年,考上了一所重点大学的夜校。白天工作,晚上读书,她很快摆脱了失恋的痛苦,心灵也充实起来。三年后,她以优异的成绩毕业。接着,她又参加了一个考研班,两年后成为一所大学的研究生。研究生毕业后,她又考取了某重点大学的博士,博士毕业后留校任教,后来,成为这所重点大学的副教授、研究生导师。

如今,她已颇有名气。回忆起她曾经的经历,她感叹说:"我的成功秘诀就是,别颓废,你没有资格!我不是豪门的王子公主,如果我颓废了,我的人生就彻底灰暗了!如果想过上我想要的生活,我就必须去努力进取,去拼搏,去奋斗,除此之外,别无他法。"

作为教育工作者,要积极引导每一个孩子好好学习、天天向上,任何时候、任何地方、任何事件都不得颓废,要永远有颗向上的心。

第四节　心理引导法

一、没有挫折,只有挑战

这些年来,我常被问到的一个问题是:"你认为自己遇到过的最大的挫折是什么?"

说真的,我最不知道该怎么回答这个问题。这并非说我的人生一帆风顺,什么波折都没有。而是我总认为"挫折"这件事,就像是衣服上的皱痕,只要用熨斗烫过去,就能恢复原来的平整了。

一路走来,我发现自我疗伤的能力真的很重要,一些小小的阻碍或挫败,假若换个角度来看待它们,都会让自己更宽容、更坚强,抗压力也会愈来愈大,自然能够从容应对更多事情。很多时候我们都被赋予要接受各式各样的挑战，而自己接受挑战的能量与能力，是要不断与日俱增的。

工作和生活中，每个人都会遇到沮丧挫折。埋怨没有用，只有面对、接受挫折，才能够从容地继续前行。一直往前看往前走吧！当老师、当班主任一定要教育学生承受挫折，只有勇敢地接受挫折并把挫折当挑战，就会勇往直前，所向披靡。

二、追求"42摄氏度"的人生

冬天的时候，我最喜欢泡温泉。温泉最好的温度是42摄氏度，进去时，泡2分钟，就大汗淋漓了，真的很过瘾。后来，有人问为什么不泡久一点？于是把温度改为37摄氏度，结果每个人都着凉。37摄氏度有没有作用？没有。在37摄氏度的水中，虽然可以泡得更久，但是没有效果。另外，又有人说，为了让效果更好，我们把水温调到48摄氏度，但人下去后，马上烫得跳上来，也没有达到效果。

42摄氏度，是我们为人处世最好的态度。对的事情坚持，错的事情更正，对每个人都有礼貌，那么，效率达成，人格也就达成了。

48摄氏度就是暴君。至于37摄氏度的人，就是你不管跟他说什么，他都有气无力，什么都随便，那你跟这样的人干吗？永远都学不到新东西和知识，也得不到长进。

所以，我们每个人都要像温泉一样，42摄氏度，有头有尾，该要求就要求，该放水就放水，该眼睛很亮就很亮，该不要讲话就不要讲话，这就是42摄氏度的人生。作为学生的老师，你得引导学生刻意追求"42摄氏度"人生。

三、虚衔也有作用

班级中的小王最近学习劲头不足，经常迟早、早退，班主任老师看在眼里，急在心里。经过多方面了解之后，老师得知是因为自己的职位（小组长）始终没有变化，自己的成绩已经到全班第二名了，老师全部的承诺（谁成绩提升快，就推谁当副班长）没有兑现。于是，就认为老师并没有看重自己。学习好与差在老师眼里并不重要。

知道个中原委后，班主任老师在班上虚设了一个"监督班长"的席位，其职能比班长还大，全程监控班长的"行为"，同学的亲切地叫他"监班"。果然，小王觉得自己的地位有了很大提高，学习劲头更足了。

四、四种方法创造双赢的沟通

不论生活或工作，在与人沟通的过程中，我们都希望自己能影响他人的行为，我们都希望双方的沟通能平和地达成共识，并且是朝我们所预期的方向走。以下提供几个发挥影响力的技巧，在引导他人做决定时，能朝你想要的结果进行。

（1）改变预期心态。在对话中，早一点开始使用"疑问句"，让对方觉得你正在放弃这场对话的控制权，这样他们才可以掌握住发言权。

（2）制造失去的紧张感。让对方考虑"潜在的损失"，让对方知道，不听你的"会失去什么"。

（3）问对问题，就能让对方说好。当你询问对方"是否打算采取某种特定的行动"时，比起从来都没有被这样问过，他们更有可能会照着你的询问去做。

（4）同理心。同理心指的是：你可以从另一个人的观点来感觉与观看他们的生活。如果你做得到，就会有影响力。借此，你可以和对方建立起密切关系，这种关系是你提出建议的基础，还能让你有显著的分量。如果你没有办法体会别人的感受，那么你永远都不会是真正拥有巨大影响力的人。

五、用农夫的智慧调动学生的学习积极性

某人力资源高管实在无法忍受老板和员工的双重压力，去乡下旅游放松，路遇农民哈里正准备套马耕田。只听哈里吆喝道："驾驾……贝蒂娅!"可这匹小红马却无动于衷。

农民微微一笑，换个名字继续吆喝："驾驾……汤姆森!"这匹马依然纹丝不动。

"驾驾……杰克逊!"

"驾驾……托马斯!"

农民哈里接连换了4个名字，但这匹马始终没有挪动半步。

最后哈里大喝一声："驾驾……贝蒂娅!"话未落地，这匹小红马精神抖擞地工作起来。

高管实在看不明白，于是上前问道："请问，这匹马有 4 个名字吗？"

农民回答道："它只有一个名字，叫贝蒂娅。"

可高管更不明白了："那么您为什么叫错了 3 次啊？"哈里解释道："我一共养了 4 匹马，其中这匹母马贝蒂娅却是双目失明的，刚开始她以为只有自己在卖力干活，所以一上来就罢工。但在我连续吆喝了另外 3 匹马的名字后，它心理也就平衡了。"

这种做法完全可以运用到管理学生中去。只有经常提及表现很好的学生个人时，那种想如何懒、消极怠工的学生自然就会重新奋起，努力前行。

六、将心比心能解决一切争端

二十多年前，父亲攒钱买了一辆车跑运输。一次路上堵车，父亲到前面看是怎么回事，结果是两辆车蹭在一起，两个车主吵翻天。你我都不相让，父亲看时间紧，如果不赶紧把货送到目的地，就会误了别人的大事。

于是父亲找到被堵在路上的车主，跟他们说："你们看，他们争吵的目的就是要对方赔钱，现在，我们堵在这里一两个小时，大家都有事要做，耽误一两个小时就等于耽误一天，不如咱们凑钱给损失的一方，问题解决好了，他们也不用吵，每个人几十块钱不多，却解决了三方的问题。"

大家都很赞同，凑钱把这件事解决了，父亲也赶在货主下班前把货送到了。

和父亲一起送货的师傅说："没见过你这样会算账的。"

父亲说："账要怎么算没什么技巧，最重要的是，你不愿看到的结果不要加在别人身上，懂得将心比心，'前半夜替自己想想，后半夜替别人想想'，事情就好处理了。"很多矛盾、冲突并不难解决，最难解决的是每一方都站在自己的利益上考虑问题，不站在别人的角度上想办法。自己不想出钱就坚决不出，自己怕耽误事情却又去耽误别人的时间，自己怕受伤害就去伤害别人。

将心比心——父亲能够解决一切争端的法宝。站在别人的位置上考虑问题，能看到对方想要的和不想失去的，能够更清楚地知道自己想要的和害怕失去的，两者权衡，问题的解决方案就明了了。班主任在处理学生争端时，采取这种"方式"会让所有的人"受益"的。

七、善于运用"正面的力量"

我们所使用的正面语言和负面语言，二者对行为造成的影响截然不同。使用正面语言，带出来的是正面心相，使用负面语言时，则带出负面心相。如果在字词前加上"不要""别"等否定词，它们的意义也往往会被大脑漏接，因为后面的心相太强烈，于是造成"顾后不顾前"的状况，所以愈"不要"的事，就愈"要"发生。

仔细检讨一下，我们平常使用的负面言语还真是数不胜数。"我是个失败者""我老是一事无成""我像丑八怪""你千万不要搞砸了""不要迟到"等。

要想改善这一状况并不难，秘诀就在于，改用正面的语言。比如，"我老是一无所成"应改为"有的时候我一试就成"。"不要迟到"改为"请你千万要准时到"。"你千万不要搞砸了"，不妨说"请你务必把它做好"。

感觉出来其中的差别了吗？当我们说"请你务必把它做好"时，对方脑中会浮现出很有把握、很自信的心相，下一步自然稳健有力多了。

以下"十大美语"对学生的健康成长有很强的推动作用。

(1) 错了别怕，咱们再来一次！

(2) 你是最棒的女孩！

(3) 孩子，世界上总有一扇门为你而开！

(4) 我相信你，你能做到的！

(5) 过去不代表将来，相信自己一定可以！

(6) 学生是你的孩子，也是我的孩子。

(7) 教室是允许出错的地方。

(8) 没有失败，只有暂时停止的成功。

(9) 学习不怕起步晚，成才不怕起点低。

(10) 宁可让你现在怨我一阵子，也不愿你今后恨我一辈子！

第五节　角色定位法

一、"角色"换拉法

有时碰到"一根筋""钻死胡同"个性的孩子时，任何说教可能都无济于事。这时的沟通最好采用"角色"换位法：即让学生当一回老师，自己来处理自己的事，让他（她）站到"公正"的立场，"一碗水端平"，将他想不通、理不明的事件，一一想通，件件弄明白。最后将"处理"结果向老师汇报。老师这时要站在学生的立场上，反复推敲"处理"结果，能有 7 至 8 成的准确率，就让其"通过"。

二、最好的学习方法是教别人

美国的詹士·库塞斯在华盛顿特区做研究时，有一天训练课程结束后，马格利斯和他约在一家意大利餐厅一起吃晚餐。吃饭时，马格利斯问了他一个问题："学习最好的方法是什么?"当时他非常热衷于体验式学习，所以很有自信地回答他最好的学习方式就是自己亲身经历一遍。

"不!"马格利斯回答，"最好的学习方法是教别人!"马格利斯的答案就像当头棒喝，这是他一辈子不会忘记的片段。

忽然之间，他对教导和学习有了完全不同的认识，教导就是学习，而且是最深入的学习。不论你是专家或新手，当你在教别人时，你可能也会感到这样的冲击。

因为，当你要开始教别人时，你会思考、学习、担心、准备。在这个过程中，学习彻底消耗你所有的精力。你知道期限快到了，你必须在别人面前表现所学，必须了解自己即将传授的东西，因此就必须更深入学习。管理学大师彼得·杜拉克发现：教导别人能帮助我们快速学习。老师应当积极引导学生向学生学习，要积极引导尖子学生教导"学困生"。那么不少"学困生"就会在

"学生老师"的教导下，脱离"学困"境地。

三、每位同学都是一颗"种子"

班级管理亦如企业发展。班主任过于"能干"，学生就显得"平庸"，要想让学生不"平庸"，就要让学生当"种子"——发挥各自的特长，让他们在老师的关照下，健康成长。

一位朋友抱怨他的班级没有人才，来问我该怎么办，我告诉他，每个人都是一颗种子，班级是土地。种子掉到这块土地上，最后会长成什么样子，当"农夫"的老师有很大的责任。如果尊重每颗种子的特性，提供肥沃的土地，适时地灌溉除草，每颗种子都有其基因、天命，自然各有发展，自会茁壮成材。

在王品集团，老总只让每个下属依各自的特性来发展，老总则负责鼓励，提供空间给他们表现。下属只要扮演好自己的角色，就有相对的职位、发展和红利。所谓空间，指的是公司的各种制度乃至文化，也就是适当的土壤、阳光和水分，这很重要。如果没有这些空间与养分，下属会成长得很慢，因为不知道自己为什么要长那么快，为什么要做那么多事。

四、懒惰的学生怎么管

每个班级都会有几个懒惰的学生，他们大致可以分为三类：

（1）不想学习，花最少的力气度过每一天，且不想改变！

（2）觉得很无聊，到目前为止，没遇到引起兴趣、想主动出击的事。

（3）选择简单的方式，不花太多力气，得到想要的东西。

如果发现懒惰的学生属于第二种类型，应该再给他们一个表现的机会。但是，如果你发现这个人一直很懒，而你也想不到适合他的角色，或是出现更糟的状况，一个懒惰的人可能会影响身边其他人的表现。最好的解决方式就是尽快让造成问题的人离开。

还有的人可能属于第三种类型，他们虽然很懒惰，却依然重视成就，只是希望能轻松过日子，让别人去实现那些成果。老师可以细心诱导，让他们利用自己的聪明才智，找到更好的成功方法，实现自己心中的理想。

所以，应对懒惰学生的策略是：

对第一类人：摆脱他。

对第二类人：用一个有趣的新挑战测试他。

对第三类人：找出能控制与利用他们的思考能力的方法。

一个好的老师必须有心理准备成为一个严厉的管理者，在必要时调动或感化懒惰的人。但在执行这项决策时，必须先通过测试的方式，确定这个成员的表现能力是否尚未被唤醒。

第六节　行为教育法

一、交付学习任务的增减之道

每一个班集体里，成员大致上可以分为两种。

第一种，乐天型：心里想着"一切交给我处理！我什么都能做"。他们个性开朗，有精神。态度积极是好事，不过有时候太过乐观，低估了困难，而无法达成目标。把工作交给这类孩子时，记得把工作量设定为他们估计的八成。此外，一开始就要订下明确的标准和期限。

另一种，悲观型：无论老师委派他们什么学习任务。他们总是说："我不能完成。"但是这种人反而有极大的潜力，所以交付学习任务给他们时，要和乐天型恰好相反，工作量最好比当事人估计的量多上两成，并告诉他："以你的能力一定办得到，希望你善用这次的机会让自己成长。"

重大任务交给悲观型学生，需要勇气。然而狠下心来交付学习任务之后，往往会发现平时不起眼的学生有出人意料的能力。事实证明，平时不起眼的学生，在接受任务之后，会一直维持高昂的斗志，坚持到最后。以前的他总是沉默寡言，从不表现自己、引人注目，在组织中显得不起眼，但在实际操作中，他非常优秀。因此，交付学习任务时，不妨给自信满满的人减一点，给消极却踏实的人加一点。这虽然只是小技巧，却是非常有效的育人方法。

二、事先把合理的惩罚后果告诉孩子

每次 6 岁的依依和她的朋友楠楠一起玩之前，依依的妈妈都会告诉她，如果她们两个有一个人哭闹耍赖，或者两人发生争执，就不能在一起玩了。周末带依依去公园，她的妈妈也会事先告诉她，如果在娱乐场孩子跑到离父母太远的地方，就必须离开游乐场。这种方式对依依来说非常有效，每次她都会按照妈妈的规定去做。她的妈妈认为这是因为依依知道妈妈肯定会说到做到。

理论上讲，对于孩子的不良行为给予一定的处罚，能够使孩子明白行为和后果的关系，同时也可以教会他什么是责任——承担这个后果就是他的责任。著名教育专家蒙谨认为，如果父母决定使用这种处罚方式，那么最好事先向孩子解释清楚后果将是什么，给孩子一个明确的警告。

然而，有时我们对孩子的行为并不能先知先觉，那该怎么办呢？合理的反应是，看到孩子有了不好的行为，父母就必须针对这个行为想出一个适度的处罚结果，然后马上执行，决不能缓行。比如说，你带儿子去超市买东西，他总是在货架的过道跑来跑去。此时错误的做法是，对他说："下一次买东西你必须坐在购物车里了！"正确的做法是，马上就把他抱进购物车里，告诉他这一次就必须坐在里面了。

三、失去某些特别待遇

3 岁的乐乐非常喜欢看书，他的妈妈说，如果午睡前或者晚上睡觉前把故事书拿走，这就是对他最大的惩罚了。他妈妈的经验是：每天晚上睡觉时间一到，她把乐乐喜欢看和想让妈妈讲的那几本书堆放在一起，告诉乐乐："如果你按时刷完牙，洗漱完毕，按时上床，那你就可以看这些书。"如果乐乐一次不合作，他的妈妈就拿走一本书。

你的孩子是否也有他最喜欢的一些特别待遇呢？比如看哪一个动画片，玩某个玩具，或者想晚上 9 点上床睡觉而不是 8 点半？如果有，一旦你的孩子有了不好的行为，你也可以剥夺这个特权。但是，父母一定要慎重，不要一次剥夺太多，剥夺的时间不宜过长。

对于那些 6 岁以下的孩子，使用这种处罚方式仅限于 1 天，而不是一个星期，甚至更长时间。1 天的处罚是让孩子每天都约束自己，知道该如何选择，是选择和伙伴打架呢，还是选择和睦相处。处罚时间不宜过长的另一个原因是，通常父母在几天过后就心慈手软了，这就会危害到处罚方式的有效性。

四、事不过三

如果想让孩子事先认识到一个重大的必须承担的后果，比如得不到他最喜欢的玩具，失去他的最爱，那么"事不过三"处罚方式的效果就会更好。每次孩子调皮捣蛋了，不必说教，只要告诉他："我们都不该打人。这是第一次！"然后明确警告孩子重大的后果是什么。当他下一次又打人的时候，就告诉他："这是第二次！"第三次打人的时候，告诉他："这是第三次！"然后马上实施预先警告的那个处罚。

也有人尝试过对3到6岁的孩子有效方式是：在一张纸上画3个笑脸，然后把它贴在墙上显眼的地方或者其他孩子能够经常看见的地方。当孩子有了一次不好的行为，就在一个笑脸上画叉，并且在下面写明他的不良行为是什么。如果所有的笑脸上都画了叉，那么孩子就会失去他的一个最爱。一些父母尝试这种做法后，惊奇地发现在笑脸上画叉，对孩子来说效果太强大了。

五、对好的行为有所奖励

宁宁的妈妈一直对3岁的宁宁使用奖励的方法，而且每次都有成效。每天早上，宁宁的妈妈都会提醒宁宁，在家里玩最重要的规矩就是：一不能打小猫，二不能在沙发上乱蹦乱跳。如果宁宁一天都没违反这个规矩，那么他就得到一个奖励：多看一个动画片，或者今天多讲一个故事。对某些孩子来说，如果父母使他有一种不能得到奖励的压力，他就能够约束一下自己的行为了。

另外，也有的父母把奖励方法和画3个笑脸的方法结合起来：他们先把一些奖品放在盒子里，如果一天下来三个笑脸全都被画了叉，就拿走一个奖品。目的是让孩子有一种渴望，期望自己一天的行为使所有奖品都完整无缺。总而言之，无论父母选择哪种奖励方法，都必须确保奖励的物品适宜孩子的年龄，而且能够足够吸引孩子从而约束自己的行为。最重要的一点是，在给孩子奖品的时候，不要忘记表扬他好的行为。

六、对不好的行为开罚单

如果孩子的年龄足以使他明白好的行为会有奖励的含义，那么他也就会懂得自己要为不好的行为支付罚金。通常 5 岁以上的孩子就可以接受金钱的奖惩方法了。著名教育专家蒙谨认为，孩子们非常渴望能够用自己的钱去买玩具，所以这种方法也有效果。

父母可以张贴一张表格，说明各种不良行为的罚金各有多少。比如，不收拾玩具罚金为一枚一角的硬币，和同伴打架罚金为两枚一角的硬币。如果孩子打架了，或者说脏话了，就让他上缴罚金，放在一个预先准备的罚金储存罐里。

七、追回一些家务活

有的孩子会为了躲避他不喜欢的家务活，就选择服从于父母的规矩，表现得很合作。6 岁的小青就属于这一类的孩子。每次他一有不好的行为，他的妈妈就会要求他："过来，把垃圾袋套在垃圾桶上。"或者让他负责拿簸箕，一起扫地。

当然，给孩子加的家务活要与他造成的后果相联系比较好，别让孩子认为家务本身是 种惩罚。也可以让孩子做一些他以前没有做过的家务，当作对他不良行为的一种惩罚。例如事先准备好一列家务清单，罗列出 3~4 个孩子最不喜欢的家务活，如扫地或者把玩具分类收拾好等，那么孩子就能预先知道自己的不良行为将会招致哪种后果。

八、引导孩子把注意力转换到其他事情上

有时候，父母把孩子带走，离开当时的处境，反而能够使他冷静下来，认识到自己的错误。一旦孩子犯错，有些父母就喜欢针对问题喋喋不休地说教。与其这样，还不如带他出去走走，换个环境。走一段时间后，再告诉他："我很爱你，但是我决不允许你打人。"

有的人或许会产生疑问：这就是对孩子打人的惩罚？这明明没有任何惩罚呀？确实没有任何惩罚，因为父母用各种方式管教孩子的最终目的是给孩子的过激行为降降温，使他不要再有这些不好的行为。所以，一些低调的缓和方式

有时也可以试用，也许就足以达到你们期望的效果呢。

无论父母使用哪种管教方式，都应该事先给孩子解释清楚。不要等到孩子犯错了，才开始管教、惩罚孩子。如果没提前给孩子说清楚定的规矩是什么，哪些行为是将受到惩罚、那么孩子就对不良行为没有任何认识和概念，也不知道大人对他行为的期望是什么。而父母呢，一看到孩子的不良行为，就很有可能反应过激，从而使用较为严厉的惩罚方式对待孩子，不过，惩罚过于严厉，将很难坚持到底。

如果试图尝试一种新的管教方式，即使它一开始并不见效，也要坚持 2 个月看看效果。很多父母在尝试一种处罚方式的时候，如果使用几次，发现它对孩子并没有效果，就会改用其他的方式。著名教育专家蒙谨认为，事实上，总变换不同的方式对孩子进行教育，其结果是使孩子明白如果自己坚持反抗到底，父母最终会认输、放弃惩罚他了。

第七节　绿色惩戒法

事实上，没有惩戒的教育是不完整的教育。笔者调查了近 10000 个人在中小学就读时的惩戒教育状况，他们异口同声地回答：中小学生一定需要一定的惩戒教育，就像"玉不琢不成器"那样。我也赞同教育应该也必须包含惩戒。以下惩戒方式可以借鉴。

（1）山东潍坊早春园小学推举的"绿色惩戒"：校内、校外违纪的学生，自己选择一种由家长、学校、学生一起讨论通过而制定的"惩戒制度"中去选择惩戒方式。

（2）不要将孩子"不肯认错"误认为"挑战老师权威"而去惩戒，孩子的"不肯"有时确确实实是自己不知道"错在哪"——要用"耐心交流、晓之以理"的"育人"方法才有效。

（3）与孩子们一起制定"章法"：语言简洁、孩子参与、不要"透支"惩罚次数，发现"不力"要及时更改。

（4）对"经常犯错"的孩子，实行限时"冷隔离"，效果特佳。但"冷落"后要及时"轻声抚慰"——用温情为孩子重塑自信、自尊。让孩子相信他还是一个好孩子。

（5）改掉用语习惯，忌用"恶语"相向——不要对孩子用"笨蛋、坏孩子、不乖"，特别不能用"笨蛋"一词，即使是带着宠溺的味道。因为孩子一旦自己认为自己是"笨蛋"了，就会自然地"停滞不前"。

（6）惩罚孩子后少"负能量唠叨"，要热心帮助孩子找"亮点"、找"自信"。

（7）绝对不要说"不要你了"——孩子对老师有三种"情感联结"：安全依赖型、回避依赖型、反抗依赖型。——孩子对"不要你了"看成是对生命的"威胁"。

（8）了解"病灶"——"剥夺爱好"有讲究。迟到了罚"不让吃爱吃的"、作业写不好了罚"不能去找好朋友玩"等惩罚方式，处罚力度再大也不见得有成效。如果对晚上晚睡早上赖床的孩子，就罚他：如果上学再迟到就不能看动画片，如果是动画片耽误了睡觉的时间，那就不能看动画片，等表现好了再商量。

（9）留惩罚性机械作业不如写创造性强的20~30个词组成的"小品文"——今天老师为什么罚我抄作业？（不会写的词用拼音代替）不要动辄就写500字、1000字等学生做不到的处罚方式。

（10）向学生亮出不喜欢的"利剑"：

除"因受欺负、希望老师主持公道、为了维护班级荣誉向老师告状"外，其余爱告状的孩子老师不喜欢。

奉迎拍马、阿谀奉承、有成人的圆滑与世故等太虚伪的孩子老师不喜欢。

爱惹是生非的孩子老师不喜欢。

爱撒谎的孩子老师不喜欢。

成绩太差的孩子老师不喜欢

太内向的孩子老师不喜欢。

（11）有严重过分体罚嗜好的老师，特别要"悬崖勒马"。遇有要"处理"的事件，一定要先冷静下来：把自己体罚学生的原因写下，然后认识到事情的严重性，不要想着为自己开脱，即使出发点是好的。因为，有时你的一气之下，就可能酿成"灭顶之灾"，那是最得不偿失的事。

总之，惩戒必须先立法（师生共同商讨），再实施。在实施的过程中，"人文关怀"要多于"制度惩戒"，一而再再而三的"忍罚"也应是惩处的方式中的最好的方式之一。

第八节 行为习惯养成教育的形成性评价

一、将行为准则落实到学生的方方面面

对每一个小孩来说，讲规矩、学规范、记守则是中小学阶段的一门重要的"课程"。《中小学生守则》《小学生日常行为规范》是国家培养青少年一代的行为纲领。实践证明：将《中小学生守则》和《小学生日常行为规范》细化为生活、学习、行为、身心健康、发明创新等五大类。杜绝"近视、肥胖及心理疾病"等三大青少年成长杀手在孩子成长的低龄阶段发生。各教学班要制订《品德与能力"百花奖"评定细则》（已申请专利）。重视形成性评价，缩短终结性评价的周期，让学生的行为习惯在短期内迅速形成并进行模式固定。这种做法，对固化青少年的行为准则，形成优良的思想品德有"立竿见影"的功效。

二、不以为犯小过无伤大雅

人们都知道，细心观察是医生必备的素质，否则就会招致不应有的错误和损失。而这至关重要的习惯，往往会被人所忽视，从而酿成大错。

有位医学院的教授，第一天上课就给学生们一个实实在往的教训，目的就是让他们在将来的路上避免因为一个不好的习惯而造成致命的错误。

教授对他的学生说："当医生，最要紧的就是胆大心细！"说完，便将一只

手指伸进桌子上一只盛满尿液的杯子里，接着再把手指放进自己的嘴中，随后教授把那只杯子递给学生，让这些学生学着他的样子做。看着每个学生都把手指探入杯中，然后再塞进嘴里，忍着恶心的狼狈样子。

他微微笑了笑说："不错，不错！你们每个人都够胆大的。"教授停顿了一下，接着说道："只可惜你们看得不够仔细，没有注意到我探入尿杯的是食指，放进嘴里的却是中指！"

由于轻视而造成对关键细节的忽视，常常会埋下失败的种子，产生难以弥补的后果。雪莱说过："人们常以为犯小过无伤大雅，哪知更大的失败常是由小过导引而来的。"

这种失败的产生，往往不是因为进取，不是因为创新。从个人角度看是因为不成熟、性格有缺陷、不良习惯等所导致。从教育角度看是因为在引导和教育学生成长的过程中不拘细节，造成"担大任"的学生"马失前蹄"。

第五章
学做管理的主人——班级人事配备

此法是教育改革家魏书生同志在中学阶段首创，笔者根据多年的管理实践，重点在小学阶段高年级的班级人事配备做了改革式的尝试。

第一节　岗位责任制（按空间范畴制订）

一、班长职责

（1）全面负责班级同学德、智、体、美、劳各项活动的开展，在为同学服务中提高自己的管理水平。

（2）及时传达学校及班主任对班级活动的要求，并组织同学将要求落到实处。

（3）班主任在校时，及时听取班主任对班级管理的意见。班主任不在校时，代行老师的责权。（班主任因事请假离校不得超过2小时）

（4）负责领导指挥班委会成员开展工作。凡通过竞选产生的班长有权根据工作的需要任免班委会成员。

（5）负责指挥值周班长、值日班长积极主动地开展工作。

（6）通过竞选产生的常务班长，当任期已满时，负责组织并主持下一任班长的选举。

二、少先队

（1）少先队设大队长、组织委员、宣传委员各一人。

（2）大队长可由班长兼任，必要时，在班委会成员外另设一人。组织全班少先队员，按时完成校少先大队部布置的各项任务。

（3）组织委员，具体负责发展新队员的工作，负责对队外积极分子的帮助、引导，使之尽快达到队员标准。负责向少先队建议召开少先队干部成员会或队员大会，讨论研究发展新队员，一经批准，则具体负责组织，主持会议。

（4）宣传委员，具体负责本班队员各项活动及好人好事的宣传工作。一方面向本班全体同学宣传，使同学学有榜样；一方面向少先大队部及上级部门、有关新闻单位宣传，使上级及时发现先进典型。对队员及同学中的不良倾向，凡带有普遍性的，也有在一定范围内宣传的义务，以便引起有关单位与个人的警觉，及时加以控制。

三、班委会委员

（1）班委会设学习、生活、体育、文娱4位委员，加班长一人，共由5人组成。极特殊的情况下，可设副班长（或称班长助理）一人。学校要求设的劳动委员职责由生活委员承担，卫生委员职责由体育委员承担。

（2）学习委员负责全班同学课内期末统考科目学习活动的组织、指导工作。负责指导各学科科代表开展工作；负责指导各学科兴趣活动小组的工作；负责考试前每个同学的考场安排；负责考试后，统计各学科成绩，统计每个人的总成绩，统计全班各学科的平均分和总平均分；负责计算同学何处的估算成绩与实际成绩的差距，对差距超出要求者，予以惩戒；负责同学互助组的指导。

（3）生活委员负责协助班长维护班级纪律。负责指导班级承包人对工作是否认真，对不认真者可决定批评、惩戒甚至撤换。定时或不定时向同学们公布班级纪律情况；负责班级卫生清扫的指导工作，组织好全班大扫除；负责服装、发型、零食等各项工作的管理，负责郊游的组织。

（4）体育委员负责全班各项体育活动。具体领导同学们的跑步、课间操、眼保健操、呼啦圈、跳绳、三球（乒乓球、篮球、足球）、体育活动课、仰卧起坐、俯卧撑、队列体操比赛、运动会等各项活动的开展，可指定各项活动的临时或长期合作人协助自己开展工作。

四、值周班长职责

（1）由班委会成员轮流担任，班长不在时，代行班长职责。

（2）完成班长交给的各项任务。

（3）领导值日班长执行各项职责。

（4）及时与学校值周工作的师生取得联系，征求值周者对本班各方面工作的意见，当天提出改进措施，分析班级本周德、智、体、美、劳各项活动在全校的位置，对被值周者扣分的项目，分析原因，提出下周整改措施。

五、值日班长职责

（1）由班委会成员轮流担任，负责记载当天的出勤情况，及时在剪贴式《班级日报》上登载，对迟到的同学提出批评，予以处罚。

（2）维护自习课纪律，对自习课说话的同学予以批评、惩戒。自习课有准假权。

（3）维护课间纪律，及时发现并制止课间大声喧哗以致在走廊打闹的行为，在"无声日"期间（每周一天），对课间在教室内说话的同学予以批评、处罚。

（4）领导两名值日生搞好班级卫生，每天早、午、晚各拖地一次。及时发现地面上的碎纸，谁的座位底下谁负责，及时征求值周学生对班级卫生的意见。

（5）协助体育委员，督促同学们认真做好课间操。

（6）督促同学们做好眼保健操，可协助生活委员发现眼保健操不认真的同学，予以批评、处罚。

（7）值日班长的前一天晚上放学后，选择一条对班级现状有针对性的格言，抄写在黑板的右侧。

（8）协助体育委员组织好业余体育活动。

（9）在当天的12：00之前将《班级日报》装订在班级的报夹上，并在第二天的剪贴式《班级日报》上刊登自己在任职期间的工作总结，值周评比若对出席、纪律、卫生、课间操、眼保健操、业余体育活动中的某项活动不满意，给予扣分，值日班长则须写清失误分析剪贴在日报上。

（10）学校召开班长或班干部会，而干部不在或不能脱身时，则可参加班长或干部会议。

六、科代表职责

（1）负责本学科老师委派的任务，例如：收发作业，收发试卷，准备课堂用的简单教具，协助老师做演示实验，帮助老师做分组实验的准备工作。

（2）及时将同学们对教师教学的意见和建议，并及时向老师反映。

（3）协助老师调查、了解、分析本学科学习极端后进同学的困难、障碍，并尽力帮助其排除一部分。

（4）更深地了解任课老师的意图，教学的风格、特点，及时向同学们加以介绍，使同学们能适应老师的教法。

（5）负责记载本学期历次考试，并对成绩升降名次进行分析，给同学们以指导，给教师当好参谋。

（6）负责本学科兴趣小组的工作。带动本学科学有所长的同学，使其发展得更快。

七、物品承包责任制

（1）承包某项物品须保持该项物品的清洁。如：承包门窗者，应按学校规定，定期擦拭，在校例行卫生物品大检查时，不得因该项不合格而扣分。

（2）承包者要保证该项物品的合理使用：承包窗户者，热天负责开窗；承包灯具者，光线暗时及时开灯，光线强时及时关灯。

（3）保护物品不被损坏，及时加以维修，损坏严重的，查清损坏者，及时赔偿或报学校更新。

（4）具体承包人

细化范围：

①教室门；

②保管粉笔；

③卫生角及洗手用具；

④灯具及开关；

⑤讲台；

⑥扫除用具；

⑦教室内外墙（1.5米以下）；

⑧教室黑板；

⑨教室内的窗帘；

⑩班级图书柜橱；

⑪每把椅子上的坚固螺钉；

⑫饮水桶及饮水机；

⑬班级奖状；

⑭同学桌椅自己承包。

八、专项任务承包责任制

（1）承包专项任务的同学必须持之以恒，对某项任务因事完成不了时须指定临时负责人或通过班长重新委托他人负责。

（2）对所承包的专项任务，检查发现违纪者，有权按班规给予当事者惩戒。

（3）对所承包的专项任务应定期提出改进意见，对旧的奖惩规定发现不合理时，一面坚定不移地执行，一面向班长提出修改建议。

（4）专项任务承包人

思想方面：

①班长（检查日记，检查自编数学应用题完成情况，没按时完成者，当天补完。每拖一天，写50~150字的说明书）

②宣传委员（检查座右铭，未摆到桌上者，立即摆上，并擦玻璃一大扇）

③宣传委员［负责剪贴式《班级日报》，凡在下午2：00前未出报者，写50~150字说明书。本班内容不够60%版面者，撕掉重办。按日报10条内容规定，不合其他要求者，主管人酌情惩罚。10条规定是："出勤、纪律、环境、就餐、就寝、创新（日记、自编应用题）、好人好事、坏人坏事、班级亮点一天感言"等10个内容都要涉及］

④学习委员（负责记录、整理班规班法，同学违反规定，忘记班法时，及时给予提醒，督促专项承包人执行班规班法。班规班法集体制订、集体遵守，内容因班而定）

⑤班长（对犯了错误、挨批评时只顾流泪的同学，每滴眼泪，收 20 字的说明书。对拒不承认错误者，每延期一天承认错误，写 100 字的说明书）

⑥体育委员（负责各项违纪者说明书的登记、收取、归类、统计。每写 100 字的说明书，在该生操行部分中减去 1 分）

⑦宣传委员（检查黑板上每日一条格言写得是否认真，不认真者，擦掉重写）

⑧生活委员（负责班会的准备工作，召开班会时可自己主持，也可指定有关同学主持）

⑨宣传委员（负责开展"独来独往"活动期间的"独来独往"监督工作，违反规定者，扫操场 15 分钟）

⑩宣传委员（负责班级课外书的借阅保管工作，指导不同类型的学生看不同内容的有益的课外书，对将不适合中学生看的书籍带入班级者，书籍没收并写 200 字说明书）

学习方面：

①学习委员（负责检查作业。可定期检查，亦可抽查。未完成者，立即补上，打扫清洁区一天）

②生活委员（负责语文文学常识的归类及解答同学们的疑问、辅导"学困生"提高学业成绩）

其余承包字、词、标点、读写知识、汉语知识、修辞、课后习题、文言文等知识者略。

③中队长（负责指导学生出互测试题，没按时出完者，写 100 字说明书，并当天补上。试卷没写出或试卷没装订在一起，均写 50 字说明书，负责收取试题，并组织同学们抽签考试）

④学习委员（负责组织互测后未达到分数线的同学出补考试题，并组织补考）

⑤体育委员（负责监督不懂装懂的同学。不懂装懂，打扫教室一天）

⑥学习委员（负责组织每两周一次智力竞赛活动，包括竞赛试题的选择，竞赛方式的确定）

⑦学习委员（负责检查中午前一个英语单词的活动，没带单词本或书者，立即回教室取）

⑧学习委员（负责帮助某同学掌握学习方法，提高学习成绩。检查其各科作业完成情况）

⑨帮助"学困生"学习的志愿者（名单略）。

纪律方面：

①值周班长（负责考勤。发现早读、上课、自习迟到者，罚扫操场 15 分钟。早退者写 100 字说明书）

②学习委员（负责检查学生证，缺 1 次写 100 字说明书）

③组织委员（负责检查是否有进入网吧的同学。发现一次，则罚其写 200 字说明书，并每天早自习扫操场，连扫一周）

④宣传委员（负责检查是否有买乱七八糟贴画的同学，发现以后，罚其创作 "3~5" 幅贴画，交少先队，邮到灾区）

⑤宣传委员（负责处理叫别人外号或骂人者，叫别人侮辱性外号者写 200 字说明书，擦洗窗户一扇）

⑥组织委员（负责自习说话接力本，凡接力本上有名的，一次写 200 字说明书，并扫操场 15 分钟）

⑦值日班长（负责监督自习课借东西者。一经发现罚其写 100 字说明书。并扫操场一节课）

⑧中队长（负责处理造谣的同学。造谣危害别人者写 150 字的说明书，传谣危害别人者，写 200 字的说明书）

⑨中队长（负责监督班长民主表决。表决时，如果发现由于情绪过于激动，举两只手投票数的人，即予以揭穿，并让其两只手举 10 分钟）

⑩学习委员（负责每周五选举。选举说话最多者，或周退者，或周乱者，选举用微型选票，计票者需大声公布自己所计人姓名，凡 10 票以上者，每得一票写 50 字说明书，并自己将名字及票数写到黑板上）

⑪值日班长（发现无声日课间大声说话者，一次罚写 200 字说明书。平时发现在教室走廊跑跳者，一次罚写 100 字说明书）

体育卫生方面：

①文娱委员（发现课前唱歌时，手放在桌上者，一次罚写 100 字说明书，发现唱歌时明显东张西望或低头者，一次罚写 150 字说明书）

②生活委员［发现课间操未穿运动服者，回家取，协助当天值日生打扫卫

生，发现衬衣上数第二个扣以下（含第二个）不系者，每有一颗不系者，一次罚写50字说明书。拉锁式运动服，自脖子以下应拉开在15厘米以内，超过此数，每超过10厘米，一次写100字说明书]

③体育委员（负责监督眼保健操，发现有一次睁眼者，写100字说明书）

④值日班长（发现哪个同学附近的地面有纸屑，则每平方厘米罚写20字说明书）

⑤体育委员［负责记录老师每次提醒大家"坐如钟"的年、月、日，平时负责提醒同学们写字距离本子一尺远、距离课桌一拳宽，距离铅（钢）笔尖一寸远］

⑥值周班长（负责检查劳动工具。每次劳动，发现未带工具者，命其回家去取，劳动结束后，第二天他还应再干半天活）

⑦体育委员（发现不请假又不参加跑步活动或课间操活动者，罚写300字说明书。有病不能跑步或出操者，须写50字的请假条）

⑧生活委员（负责督促同学不吃零食，一经发现一次罚写100字说明书。对吃瓜子者加倍处罚，扔一粒瓜子皮到地上，写100字的说明书，再看衣袋里，每发现一粒加写50字的说明书）

第二节　各种常规

一、一日常规

（1）清晨入校，向校门口的值周老师问好，并虚心接受值周师生的检查指导。

（2）每节课（包括自习课）前三分钟要坐好，全身心投入课前一支歌的活动。唱歌时，目视黑板中缝的中点，意念想象中点出现歌词描绘的画面。

（3）每堂语文课前，积极地、全心全意地投入口头作文的活动。说文时要解放自我、心无顾忌、声音洪亮、怎么想就怎么说。

（4）语文课一般要经过"目标、自学（至少读十遍以上）、师说、讨论、双向测试（教材、教辅书）、日结"六个步骤。数学课一般要经过"目标、自学（至少读10遍以上）、初解（题）、师说、讨论双向测试（教材、教辅书）、日结"六个步骤。

（5）每节课的课间按照学校规定，戴学生证、佩红领巾在走廊、操场活动不违纪。积极参加"无声日"活动，养成"自控"的好习惯。

（6）第二节后，除值日生外，都到操场活动2~3分钟后站队做课间操，做到快、静、齐。第三节课后，做眼保健操取穴位要准确，节奏要明快。

（7）中午时分，开展背一个单词的活动，不背英语，背其他学科知识点亦可，但决不可走路看书。

（8）在开展"独来独往"的活动期间，学会约束自己，不与别人往来。不许随意出入教室门，更不准出入校门。

（9）下午第三节课为活动课，需在完成男子自由1000米，女子800米的跑步任务之后，再自由进行各种文体活动。

（10）临放学前，服从体育委员指挥，认真做仰卧起坐和俯卧撑以磨炼意志，增强体质。

（11）每天写一篇日记，编一道有分量的应用题。有布置时，完成布置的题。无统一布置时可自由选题。但每天"双一"任务要做到雷打不动。

（12）按要求完成量化阅读任务：思品每天读1页，语文2页，数学2页，英语2页，科学1页，国学15个字。学习尖子可不完成布置的作业，而自选适合于自己的难题。学困生可不写老师的作业而自选适合自己的。语文作业均由每个同学根据自己实际情况确定。

（13）每天报夹上要按时夹上《班级做日报》。《班级日报》要做到以下10点：

①规格统一，长54厘米，宽39厘米。

②本班内容占60%以上版面。

③写清办报的具体时间、办报单位、办报人姓名。

④当天日报在当天中午12：00之前夹到报夹上。

⑤日报须用碳素墨水或彩笔誊写，以利于长期保存。

⑥必须设文章病院专栏。

⑦报道昨天班级纪律、委卫生、出席、课间操、眼保健操、课外活动得分情况。

⑧每期日报必有图画点缀。

⑨日报上面留3厘米装订线，以利装成合订本。

（14）每天早晨要用5分钟时间规划一下当天共有多少项任务，按轻重缓急确定做事的顺序。每节自习课前先确定学习目标及具体任务量。

（15）做事的时候要定向、定量、定时，开展自我竞赛，不断超越自我，增强效率感。

（16）晚间统计一下一天"三闲"的数量，即：大致说了什么闲话，做了多少件闲事，闲思用了几小时。订出明天减少一点"三闲"的具体措施。

二、一周常规

（1）周一参加学校升旗仪式。按学校要求统一着装。轮到班级值周时，少先队中队长写国旗下的献词，并指定护旗人、升旗人及献词朗诵人。

（2）研究学校校报对班级的评价，发扬长处，克服缺点。

（3）周一班队活动由中队长主持，周末的班会由班长主持，总结末月工作安排下周工作。

（4）周二开展智力竞赛活动。由学习委员筹备并主持。

（5）下午不上课，参加学校"科普委员会""鼎兴文学社""心理健康教育小组""田径队""篮球队""排球队""器乐队""合唱队""舞蹈队""美术小组""书法小组""计算机小组""摄影小组"的同学必须遵守所在团、队、组的纪律。

（6）每周五下午第二节为教唱歌的时间，或周会时间。由同学们按学号轮流教，歌曲自选，报文娱委员批准。力争每两周唱熟一首歌。

（7）周值日生由北面两行同学负责。周一为第一桌两位同学，周二为第二桌。每天两人，以此类推。因星期日休息，第七桌两人协助第六桌两人进行周末大清扫。

（8）周五班级图书柜橱向同学们开放，大家选书后在班级图书管理员处履行借阅手续。

（9）周五放学前，全班同学选举本周说闲话最多的同学，或比上星期有进步的同学，或选举有较明显违纪的同学，或选举促进同学们学习的同学。

三、每月常规

（1）每月 1 日即制订本月的自我教育计划，包括德、智、体、美、劳诸方面要做的实事，计划的可操作性要强。

（2）每月至少进行一次互测。测验题由每个同学出，出试题要按照班级规定的出题大纲，确定试题范围、试题数量、试题难度、试题覆盖面和试题分数比例。每份试卷的几张卷纸必须装订在一起。每份试卷的卷头格式，必须统一：写清出题人姓名，估计分数，每道小题及部分实得分数，留出答题人姓名空格，供答题人填写。

（3）每次互测，90% 的同学要达到 80 分，不足 80 分者参加补考，另 10% 的同学补考分数线由自己确定。

（4）每月末进行一次物品大检查。由生活委员检查各自承包的物品是否清洁，是否完好无损，是否充分利用。

（5）每月最后一天，对照月初的计划，总结任务完成情况。

四、学期常规

（1）将开学典礼大会上学校布置的任务同自己的实际结合起来，确定本学期的自我教育计划。

（2）根据自己的实际确定座右铭是否需要更换。座右铭 3 项内容必须明确：最崇敬的人是谁。本班要追击的目标是哪个同学。针对自己的心理确定一句鞭策自己的格言。

（3）学习委员负责发放新教材。

（4）学习或复习语文知识树。

（5）写出新的语文教材分析。包括 7 个部分内容，将知识分类、编号、列表，按教材分析，进行自学。

（6）研究讨论作文批改的方法，提高互批作文的能力，逐步学会从 10 个方面批改一篇作文的方法。

（7）用两节语文课了解国外教育动态，讨论我们从中得到的启示。

（8）用两节语文课学习讨论有关心理学的知识，探求保持心理健康的方法。

（9）召开两次学习方法交流会，选择适合于自己的科学的学习方法，增强学习兴趣，提高学习效率。

（10）每学期每八周、每十六周周二为量化作业检查日。届时，每个同学把开学以来的各种作业全部准备好，先进行自检，写出自检报告，然后进行互检，抽检。

（11）期末放假前一天，将本学期各科量化作业全部分类，排队，编号，进行一次大检查，数量不足者须补上。合格者，愿集中统一保管的，可交班级统一保管。

（12）做好学期自我总结和自我鉴定。将《学生成长手册》所列成绩和班主任鉴定交家长过目、签字，开学后上交班级。

（13）学习委员发放假期作业，对书店卖的假期作业，可以不做，凭兴趣看看，但假期必须按学校通知书的要求完成各项学习、创新任务。

（14）"母亲节、父亲节"节前后开展"给母亲（父亲）带来快乐"系列周活动。要求在活动周里每天帮助母亲做一件较大的事，写歌颂母亲（父亲）的系列作文，召开"为了我们的母亲"的主题班会，举办以母亲（父亲）为题材的诗歌朗诵会。

（15）4月上旬体育委员认真做好参加下旬校田径运动会的准备工作，落实每个人需要参加的比赛项目，组织运动员刻苦训练。

（16）5月组织到校外爬山或外出旅游活动。班长负责联系旅游车，中队长安排旅游活动具体方式，体育委员负责旅游期间同学们的安全。

（17）文娱委员负责组织班级同学参加"六一""元旦"演唱会比赛。

（18）配合教师节活动。班级参加校舞蹈队、合唱队、器乐队的同学积极参加教师节文娱活动的排练与演出。由学习委员分组，分别给科任老师写慰问信。

（19）国庆节召开歌颂祖国诗歌朗诵会和演唱会。

（20）体育委员组织好全班同学参加10月下旬学校一年一度的队列、体操比赛活动。

第六章
能改变人一生的小故事

第一节　坚持与忍耐

一、一盏油灯

一个销售员、一个办事员和他们的经理步行去午餐时发现了一盏古代油灯。他们摩擦油灯，一个精灵跳了出来。精灵说："我能满足你们每人一个愿望。""我先！我先！"办事员说，"我想去巴哈马群岛，开着快艇，与世隔绝。"倏！她飞走了。"该我了！该我了！"销售员说，"我想去夏威夷，躺在沙滩上，有私人女按摩师，免费续杯的冰镇果汁朗姆酒，还有一生中的最爱。"倏！他飞走了。"OK，该你了。"精灵对经理说。经理回答："我要那两个蠢货午饭后回来工作！"

永远让别人先开口。

二、抉择

一个农民从洪水中救起了他的妻子，他的孩子却被淹死了。

事后，人们议论纷纷。有的说他做得对，因为孩子可以再生一个，妻子却不能死而复活。有的说他做错了，因为妻子可以另娶一个，孩子却不能死而复活。

我听了人们的议论，也感到疑惑难决：如果只能救活一人，究竟应该救妻子，还是救孩子？

于是我去拜访那个农民，问他当时是怎么想的。

他答道："我什么也没想。洪水袭来，妻子在我身边，我抓住她就往附近的山坡游。当我返回时，孩子已经被洪水冲走了。"

归途上，我琢磨着农民的话，对自己说：所谓人生的抉择不少便是如此。尽心尽力做事与抉择无关。

三、小鸟与牛粪

一只小鸟飞去南方过冬。天实在太冷了。它冻僵了，掉在一片田野上。它躺在那儿时，一头母牛走过来在它身上拉了一堆屎。冻僵的小鸟躺在粪堆里，开始感觉到了温暖。牛粪确实使它暖和过来了。

它躺在温暖的牛粪中，异常高兴，并开始唱起歌来。

一只过路的猫听到鸟叫赶过来看个究竟。顺着声音，它发现了牛粪下的小鸟，并迅速把它拖出来吃掉了。

这个故事告诉我们并不是每个在你身上拉屎的人都是你的敌人。并不是每个把你拖出粪堆的都是你的朋友。当你深陷粪堆中的时候，最好闭上你的嘴。

四、最好都在下一次

爱迪生是众所周知的大发明家，他的成功无不体现着寄希望于下一次的精神。据说爱迪生为了找到一种合适的灯丝，前后经历了不下 1600 多次的失败，最后才得以成功。

虽然在 1821 年，英国的科学家戴维和法拉第就发明了利用炭棒做灯丝的电弧灯。但是在爱迪生看来，这种电弧灯并不适用，而且光线太过刺眼，使用一次要消耗大量的电能，最重要的：是持续时间不长。对此，爱迪生暗下决心，要找到一种可以发出柔和灯光的电灯，让千家万户都能用得上。

于是，他开始了自己的试验。找出一种可以作为灯丝的材料。爱迪生发现，用传统的炭条做灯丝，可是只要一通电灯丝就断了。用钌、铬等金属做灯丝，通电后，也只是亮了片刻，也会被烧断……就这样，爱迪生前后共试验了1600 多种材料。

在爱迪生看来，每一次的失败，都是向成功靠近一步，都相信下一次自己一定会成功，正是这样的一种心态，使得他不断地前行，继续着自己的试验。

最后，经过严密的试验，爱迪生发现如果用炭化后的日本竹丝来做灯丝效果是最好的。后来，人们一直使用这种用竹丝做灯丝的灯泡。爱迪生正是借助下一次是最好的，使自己在成功的道路上，顺利地走过了失败。据了解，在爱迪生去世的那一晚，整个美国为了纪念他发明了此种灯丝的灯泡，停电一分钟，就连自由女神的灯光也不例外。

失败是成功之母。坚持是明天取得成果的原动力。

五、学会承受

约瑟夫从哈佛大学毕业以后，在一场招聘会上很走运地被一家石油公司看中，随即被总公司分配到一个海上油田工作。

在约瑟夫工作的第一天，工头便要求他，要在限定时间内登上几十米高的钻井架，并将一个包装好的漂亮盒子，送到最顶层的主管手中。他拿着盒子，迅速登上又高又窄的舷梯。当他气喘吁吁地登上顶层后，只见主管在盒子上签了自己的名字，又让他送回去给工头。他一接到命令，连忙又快速地走下舷梯，并把盒子交给工头。但是，没想到工头草草签完名字之后，又原封不动地交给他，要求他再送回去给顶层的主管。约瑟夫看了看工头，却又不知道要如何发问，只得乖乖地跑上顶层。然而，主管这回同样只在盒子上签名而已，便又要他送回去。

约瑟夫就这样来来回回，莫名其妙地上下跑了两次，心里隐约感觉到，这一切似乎是主管与工头故意刁难他。直到第三次，约瑟夫全身都被海水溅湿了，内心已经充满熊熊怒火，不过他仍然强忍着怒气。当他第三次将盒子送来给主管时，主管则说："把它打开。"约瑟夫将盒子拆开后，里头居然是一罐咖啡与一罐奶精，这会儿他更加确定，这是主管与工头联合起来欺负他。他愤怒地看着主管，但是主管仿佛一点也没感觉似的，接着又对他说："去冲杯咖啡吧。"这个命令一下，约瑟夫再也忍不住了。用力把盒子摔到海面上，气愤地说："我不干了！"说完之后，他感觉痛快了许多，因为一肚子的怒火全部发泄出来了。但是，主管却失望地摇了摇头，并对他说："孩子，你知道刚刚这一切，其实是一种训练啊！一种叫做承受极限的训练，因为我们每天都在海上作业，随时都可能会遇到危险，因此，工作人员都必须要有极强的承受力，才有办法完成海上的作业与任务。"

主管很遗憾地说："唉！原本你前面三次都通过了，就差那么一点点，你无缘喝到自己冲泡的好咖啡，真是可惜！现在，你可以走了。"

这次经历给了约瑟夫很深刻的教训，也让他学会了忍耐和积累。正是因为有了这样的品质，很多年以后。约瑟夫才得以在商海中脱颖而出。

学会忍耐就会让自己有所成就。

六、学会坚韧

在纽约的街头，一位穷困潦倒的年轻人，即使身上全部的钱加起来都不够买一件像样的西服。即便在这种时候，他仍然全心全意地坚持着自己心中的梦想：做演员，拍电影，当明星。

当时，好莱坞有 500 家电影公司，他根据自己的路线与排列好的名单顺序，带着自己写好的、量身定做的剧本前去一一拜访。但第一遍下来，500 家电影公司竟然没有一家愿意聘用他。

面对一次又一次残忍的拒绝，他并没有灰心，而是鼓起勇气，继续他的第二轮拜访与自我推荐。

第二轮的拜访过后，500 家电影公司又全部拒绝了他。第三轮的拜访下来，结果还是一样。

但这位年轻人咬紧牙关开始了他的第四轮拜访，这回，第 351 家电影公司的老板破天荒地愿意让他留下剧本先看一看。

几天后，对方打来电话，请他前去详细商谈。就在这次商谈中，这家公司决定投资开拍这部电影，并请这位年轻人担任剧本中的男主角。

这部电影名叫《洛奇》。这位年轻人叫西尔维斯特·史泰龙。翻开任何一部电影史，这部叫《洛奇》的电影与这个日后红遍全世界的巨星都榜上有名。

不放弃，总有一扇门为你打开。

七、学会失败

一位年轻的美国小伙子叫西德尼。起初，他的家里经营着一家杂货店，不过生意惨淡。西德尼想，既然经营了这么多年都没有成功，就应该换一个思路，想想别的办法。于是西德尼对父母说："我们家附近有几所大学，学生经常出来吃快餐。可是附近还没有人开一个比萨饼屋，我想卖比萨饼肯定能行。"父母非常支持西德尼的想法。于是帮助他在自家的杂货店对面开了一家比萨饼屋。

西德尼把比萨饼屋装修得精巧温馨，十分符合学生高雅、讲情调的特点。

很短的时间内,西德尼的比萨饼就成为附近的名吃,每天都顾客爆满。于是,他又开了两家分店,生意也很好。

西德尼的胃口越来越大,他又马不停蹄地在俄克拉荷马开了两家分店。由于两个城市的学生在饮食和趣味上存在着巨大差异,他在装潢和配方上也犯了一些错误。西德尼的这两家分店严重亏损。起初,他一家店一天准备 500 份,结果总有一半的比萨饼卖不出去。后来他又按 200 份准备,还是剩下很多。最后,他干脆只准备 50 份,这是一个连房租都不够的数字,但结果仍然不理想。同样是卖比萨饼,两个城市同样有大学,为什么在俄克拉荷马就失败呢?西德尼发现了问题所在,他迅速改正,生意很快兴隆起来。

在纽约,他也吃了苦头。他做了很细致的市场调查,但是比萨饼就是打不开市场。后来,他又发现,卖不动的原因是比萨饼的硬度不合纽约人的口味。他立即研究新配方,改变硬度,最后比萨饼成为纽约人早餐的必备食品。

经过 19 年的努力,西德尼的比萨饼店已经遍布美国,共计 3100 家,总值 3 亿多美元。西德尼说:"我每到一个城市开一家新店,90% 是失败的,最后成功是因为失败后我从没有想过退缩,而是积极思考失败的原因,努力想新的办法。因为不能确定什么时候成功,你必须先学会失败,并且永远不要畏惧失败。"

不畏惧失败就肯定成功。

八、冲突

有两位武士不约而同地走入森林里,第一位武士在树下看到的是金色的盾牌,第二位武士在同一棵树下看到的是银色的盾牌,"金盾牌,银盾牌"。两个人为此争吵不休,气得两人拔出剑来一决胜负。两人整整撕杀了几天都分不出胜负。当两人累得坐在地上喘息时才发现,盾牌的正面是金色,反面是银色,原来这是一个双面盾牌。

一个坚持己见者将会失去通融性。

九、永远都要坐第一排

20 世纪 30 年代,在英国一个史不见经传的小镇里,有一位叫玛格丽特的小女孩,她从小就被父亲灌输这样的思想:"无论你做什么事都要力争一流,永远都要走在别人的前头，哪怕是坐公交车，你也要永远争坐第一排。"她的父亲从来就不让她说"我不能"或"我做不到"的话。

或许对一个孩子来说，这个要求太高了。但是每当她为争做第一名感觉很累的时候，她就会想起父亲给她讲的一个故事：在生物学上，有这样一个现象：刚刚破壳而出的小鸡，会本能地跟在它第一眼看到的动物身后，并把它当成自己的母亲。即使是一只乌龟经过，小鸡也会把乌龟认成自己的母亲。更令人惊讶的是，一旦小鸡形成对某个物体的追随反应，就不可能对其他动物形成追随反应。这个现象在生物学上被称为"印刻效应"。通俗来讲，小鸡只承认第一，无视第二。她的父亲告诉她这种现象不仅仅存在于低等动物世界，也存在于人类社会中。人们经常会对最初接受的信息和最初接触的人留下深刻的印象，尤其是任何堪称"第一"的事物都具有天生的兴趣并有着极强的记忆能力。每一个人都可以列出无数个第一，比如世界第一高峰、美国第一个总统、第一个登上月球的人，等等，但是对于第二、第三、第四，人们却不甚了解。因此只有敢于当上第一，坐上第一的位置，才会永远地被人记住。

确实，从小受到父亲这样的"残酷教育"的玛格丽特，有着积极向上的决心和信心，无论是在学习，还是在生活、工作中，她总是抱着一往无前的精神和争创第一的信念，尽自己最大的努力去克服一切困难，做好每一件事，事事争第一，以自己的行动来证明"永远争坐第一排"的诺言。

玛格丽特在上大学的时候，学校要求学员要用5年时间来学习拉丁文课程，但是她却凭借着自己永争第一的信念和拼搏精神，在一年内就把全部课程学完了，而且考试成绩也名列前茅。玛格丽特不仅仅在学业上出类拔萃，在音乐、艺术等方面也一直走在前列，是学生中凤毛麟角的佼佼者之一。当年，她所在学校的校长评价她说："她无疑是建校以来最优秀的学生，她总是雄心勃勃，每件事情都做得很出色。"

正是她任何事情都永争第一的心态，40多年后，她成为了英国乃至整个世界政坛上的一颗耀眼的明珠。她连续四届当选为英国保守党领袖，并在1979年成为了英国第一位女首相，凭借她"敢坐第一排"的心态，雄踞政坛11年之久。她就是被世界政坛誉为"铁娘子"的玛格丽特·撒切尔夫人。

只要你"刻意"坐第一排，你就会永远获得"第一"的成果。

十、靠自己成功，命运就在自己的手里

有一位农夫驾着一辆满载干草的马车走在乡间的路上，没想到却陷进了泥坑里。在乡下的田野上，根本不会有人来帮这个可怜的人。这完全是命运之神有意惹人发怒而安排的。由于车子深深地陷入泥坑无法动弹，为此农夫大恼，他骂泥坑，骂马，又骂车子和自己。无奈之中，他只得向举世无双的大力神求救。

"尊敬的大力神，"农夫跪在地上恳求道，"请你帮帮忙，你的背能扛起天，把我的车从泥坑中推出来对你来说应该是举手之劳。"刚祈祷完，农夫就听到大力神在云端发话了："神要人们自己先动脑筋、想办法，然后才会给予帮助。你先看看，你的车困在泥坑里究竟是什么原因？为什么会陷入泥坑？拿起锄头铲除车轮周围的烂泥，把碍事的石子都砸碎，把车辙填平，你不自己尝试一下怎么行呢？"

过了一会儿，大力神问农夫："你干完了吗？"农夫点点头，十分虔诚地说："是的，我干完了。"

"那很好，我来帮助你。"大力神说，"拿起你的鞭子。"

"我拿起来了……这是怎么回事？我的车走得很轻松！大力神赫拉克勒斯，你真行！"

这时神发话说："你瞧，你的马车很顺利地就离开了泥坑，遇到困难，要先自己动脑筋想办法解决，老天才会帮你一把。"

遇到困难设法克服，尽职尽责，肯定成功。

十一、只要勇于挑战，就会击败许多"不可能"

20世纪80年代，有一艘叫赫尔瑟的渔船因为没有得到警告，在驶近冰岛时翻了船。当事件发生时，船上有5个人，两个在甲板下，当船像龟壳一样翻扣过来时，他们不是被淹没了，就是因寒冷休克窒息而死。另外3人一起待在寒冷的黑暗中，他们牢牢地抓住翻转的船的龙骨。他们知道，和船待在一起获救的可能性最大，但仅仅几分钟后，船身沉没了，他们很快就失去了这个依靠。他们当时被困在离岸4.8千米的海水里，气温在0℃以下，水温大约5℃。

很多专家都认为他们已经毫无生还的希望了，因为在这种情况下，人能够

活的时间不会超过 20 分钟。除此之外，专家还做出这样的预测：如果他们看到远处岸上的灯光并向它游去的话，他们生存的时间有可能还要缩短。计算机模型和实验数据都发现同一个奇怪的事实，就是当淹没在寒冷水域中的人试图通过游动来努力保持温暖时，他们反而会冷得更快——寒冷的水流冲泡他们的衣服所引起的热量流失会大大地超过他们在运动中产生的热量，这是因为水对热的传导能力比空气的传导能力要强 25 倍以上。

那 3 个人也许并不了解理论上所指出的危险，在意识到救援不会马上到来后，他们开始向岸边游去，为了求生大家用尽了全身的力气。居然有一个活了下来，他就是 25 岁的戈罗·弗雷多。据弗雷多回忆，游了不到 10 分钟，他就发现寂静的黑暗中只剩下他一个人。但他接着向前游去，尽管腿和胳膊疼痛使游动变得很困难，他仍一直保持着运动。他一直游了 6 个多小时，直到天色泛亮，太阳升起，他发现自己靠近了一个海滩。后来，他被涨潮的潮水冲上海滩，上了岸，看到不远的地方有一座农舍，他步履蹒跚地跑到那儿，告诉人家发生了什么。

心中拥有"不可能"，事实上就会不可能。只有认定实现目标的十分可能性，那么目标的实现就有 100% 的可能性。

十二、你将苦难放在什么地方

在印度的一个贫民窟里，有一对很不幸的小兄弟。他们的母亲在他们很小的时候就去世了，而他们的父亲整日不是吸毒，就是喝得烂醉如泥，根本不管兄弟俩的死活。后来，为了筹集毒资，父亲因偷盗进了监狱。

父亲进监狱后，兄弟俩为了生存，就去捡垃圾。开始，他们只是捡一些别人吃剩的东西来填饱肚子，后来才学着捡一些废品，拿去回收。

每当卖垃圾得到一点儿钱后，哥哥不是跑去餐馆吃喝一顿，就是跑到地下赌场赌一把。

弟弟则十分珍惜这来之不易的钱，把能省的每一分钱都存起来做学费。

哥哥长期在赌场厮混，喝酒、斗殴、吸毒，天天跟着一帮小混混偷摸扒抢，干尽坏事。弟弟则发愤读书，他白天去学校听课，晚上就到餐馆、酒店打工，并且还学着写文章。

十多年后，哥哥因抢劫、吸毒等多项罪名进了监狱。而弟弟却成了当地知名的作家。

有一家报社的记者到监狱去采访哥哥。记者看着神情沮丧的他，问道："你觉得是什么原因使你沦落到今天这个地步？"

哥哥十分肯定地说："苦难！儿时的苦难就像一块沉重的石头，重重地压在我的心上，让我抬不起头。"

采访完哥哥，记者又去采访弟弟。记者问道："你哥哥说是因为生活中的苦难才进了监狱，你觉得是什么原因让你取得了今天这样的成就？"

弟弟十分肯定地说道："儿时的苦难。"

记者不解地问道："你们从小一起长大，儿时的苦难都是一样的，为什么你哥哥成了罪犯，而你却成了令人敬仰的作家？"

弟弟说："儿时的苦难，就像一块沉重的石头压在我们心上。不同的是，哥哥始终把这块石头压在自己的心上，所以他就觉得看不到蓝天。而我却一直把这块石头踩在脚下，苦难则成了我人生向上的一个个台阶。"

每个人都有心理的"顽石"，关键是你把它放在哪儿？脚下还是心里！

十三、追求希望

"世上没有绝望的处境，只有对处境绝望的人。在绝望中仍能追寻希望之花的人是多么令人敬佩和振奋！"

第二次世界大战结束后，在德国的土地上到处是一片废墟。美国社会学家波普诺带着几名随从人员到实地察看。他们看了许多户住在地下室的德国居民。尔后，波普诺就向随从人员问了一个问题："你们看，像这样的民族还能够振兴起来吗？""难说。"随从人员随口答道。

"他们肯定能！"波普坚定地给予纠正。"为什么？"随从人员不解地问。波普看了看他们，又问："你们在到了每一户人家的时候，看到了他们的桌上都放了什么？"随从人员异口同声地说："一瓶鲜花！"

那就对了，任何一个民族，处在这样困苦的境地还没有忘记爱美，那就一定能在废墟上重建家园。"

启示：追求希望的人或民族是最有作为的人或民族。有希望就有一切。

十四、无捷径

一个青年职员平时工作懒懒散散，在转正前一个月他问："如果我兢兢业业工作一个月，我能转正吗？"答道："你的问题让我想到一个冷房间的温度计，你用热手捂着它，能使表上显示温度上升，不过房间一点也不会温暖。"

今天的成就是因为昨天的积累，明天的成就则有赖于今天的作为。

其实真正的成就是一个过程，是将勤奋融入每天的生活中，融入每天的工作中。这就要靠我们的意志，但更重要的是建立一个良好的生活习惯和工作习惯。

任何成功都无捷径可走。唯有脚踏实地，奋力拼搏才会。

十五、坚持就能成功

罗琳是一个家境贫寒的小女孩，但她学习十分努力，成绩也一直很优秀。有一次，老师要求大家写出自己的梦想，罗琳和所有的孩子一样，有一个"宏伟"的梦想，那就是想拥有一幢别墅和一座花园。

她把自己的梦想如实写在作文本上交给了老师。可是老师却给她打了一个最低的 C，评语是："想点实际的吧。"怎么能打 C 呢？罗琳的梦想让家人感到骄傲，让自己有了刻苦学习的动力，应该打 A 啊！罗琳看到大大的 C 和后面让人伤心的评语时，没有悲伤，也没有哭泣，而是去找老师问个明白！

在学校里转了几圈，罗琳终于找到了那位老师。她用含泪的双眼直勾勾地望着老师："请问您为什么给我打这么低的等级，您应该尊重我的梦想啊！"没想到，老师却给出了伤人自尊心的回答："你的家境贫寒，长大后还要白手起家盖别墅，简直太荒谬了！重新写吧，你别写这个梦想了。"

面对老师的回答，罗琳不再说什么了，而是径自离开。她很伤心，没想到老师非但没鼓励她，还批评她的梦想"太荒谬"。唉，真是一个可怜的孩子。

在第二次重写的时候，罗琳依旧写的是这个梦想，老师也依旧给她打了个C。好样的！不管别人怎么看待，她始终想着自己想要的，始终坚持自己的梦想，永不动摇！

20 年过去了，罗琳靠着对梦想的坚持和不懈努力，终于实现了自己的梦想。她花了一大笔钱，买了一幢别墅，还建造了一座美丽的花园。当她再次遇见那位老师的时候，只说了一句话："每个人都有拥有梦想的权利，只要是我们自己想要的，并且一直坚持下来。再'荒谬'的梦想也一定会实现的!"那位老师听了罗琳的话，羞愧得无地自容。

坚持并刻意地追求"梦想"，理想就一定变成现实。

十六、挫折是铜

有一天，哈佛大学心理学教授罗伯特先生接到了一个高中女孩的电话，在电话里，女孩带着沮丧的口吻重复着："我真的什么都不行!"罗伯特教授感觉到她的痛苦与压抑，亲切地询问："是这样吗?"女孩好像对自己特别失望："是的，我和同学的关系不好，大家都不喜欢我，我的学习成绩一般，老师也不正眼瞧我，妈妈把所有的希望寄托在我身上，但我却无法满足她的愿望，我喜欢的男孩也不再喜欢我了，我已经感觉不到生活里的阳光了……"罗伯特教授追问："那你为什么要打这个电话?"女孩继续说："不知道，也许是想找个人说说话吧!"经过一番交谈，罗伯特教授明白了女孩的问题——习得性无助，却又缺乏鼓励。假如一个人长时间在挫折里得不到鼓励与肯定，就会逐渐养成自我否定的习惯。

接着，罗伯特教授说："我觉得你有很多优点，有上进心，是个懂事的孩子，说话声音很好听，很有礼貌，语言表达能力强，做事情认真，能够与人沟通……你看看，我们才聊了一会儿，我就发现你有这么多的优点，你怎么能说自己什么都不行呢?"女孩惊讶地问："这能算优点吗? 没有人这样说过呀!"罗伯特教授回答："从今天开始，请把你的优点写下来，至少要写满10条，然后，每天大声念几遍，你的自信心会慢慢回来。要是发现了新的优点，别忘了一定要加上去啊!"

事后，罗伯特先生告诉他的学生们："在我们的身边，可能也有许多人像这个女孩一样，经历过挫折之后就觉得自己什么都不行了。但是，我希望你们今后彻底打消这种念头，无论什么时候，做任何事情之前，都不要急于否定自己。"

十七、逆境是银

1832年，毕业于哈佛大学的亚伯拉罕·林肯失业了，这令他感到很难过，他下定决心要成为政治家，当一名州议员。但是，糟糕的是，他在竞选中失败了。在短短的一年里，林肯遭受了两次打击，这对他而言无疑是痛苦的。接着，林肯开始自己创业，他开办了一家企业，可是还不到一年，这家企业倒闭了。在这之后的17年里，林肯都在为偿还企业欠下的债务而奔波劳累。不久之后，林肯又一次参加州议员竞选，这次他成功了。在林肯的内心深处有了一线希望，他认为自己的生活有了转机，心想：可能我可以成功了。

然而，人生的逆境好像永远没有结束的那一天。1835年，亚伯拉罕·林肯与漂亮的未婚妻订婚了，但在结婚前的几个月，未婚妻却不幸去世。林肯心力交瘁，几个月卧床不起，没过多久，就患上了精神衰弱症。1838年，林肯觉得身体好了些，决定竞选州议会议长，但是，在这次竞选他又失败了。再接再厉的精神鼓舞着林肯。1843年，林肯参加美国国会议员竞选，这次他所面临的依旧是失败。但是，林肯一直没有放弃。1846年，林肯参加国会议员竞选，这次他终于当选了。但两年任期过去了，林肯又面临了一次落选。不过，林肯并没有服输。1854年，他竞选参议员，失败了。两年之后，他竞选美国副总统提名，但是被对手打败了。两年之后，他再一次参加竞选，但还是失败了。无数的失败并没有让林肯放弃自己的追求。1860年，亚伯拉罕·林肯终于当选为美国总统。

十八、苦难是金

美国前总统克林顿也拥有一个很不幸的童年。在他出生前的4个月，父亲因为车祸意外身亡。他母亲因无力养家，只好把出生不久的他托付给外公抚养。小时候的克林顿深受外公和舅舅的影响。他从外公那里学会了忍耐和平等待人，从舅舅那里学到了说到做到的男子汉气概。在他7岁的时候，母亲将他接到温泉城，和继父一起生活。不幸的是，双亲之间常因意见不合而发生激烈冲突。继父嗜酒成性，酒后经常虐待克林顿的母亲，小克林顿也经常遭其斥骂。这给从小就寄养在亲戚家的小克林顿的心灵蒙上了一层阴影。

由于童年生活的坎坷，克林顿更希望得到别人的喜欢和认可。他在中学时代非常活跃，一直积极参与班级和学生会活动，并且有较强的组织和社会活动能力。他是学校合唱队的主要成员，而且被乐队指挥定为首席吹奏手。

1963年夏，他在"中学模拟政府"的竞选中被选为参议员，应邀参观了首都华盛顿，这使他有机会看到了"真正的政治"。参观白宫时，他受到了肯尼迪总统的接见，不但同总统握了手，而且还和总统合影留念。

此次华盛顿之行是克林顿人生的转折点，使他的理想由当牧师、音乐家、记者或教师转向了从政，梦想成为肯尼迪第二。

有了目标和坚强的意志，克林顿此后 30 年的全部努力，都紧紧围绕这个目标。上大学时，他先读外交，后读法律——这些都是政治家必须具备的知识修养。离开学校后，他一步一个脚印：律师、议员、州长，最后达到了政治家的巅峰——总统。

十九、钉子

有一个男孩有着很坏的脾气，于是他的父亲就给了他一袋钉子，并且告诉他，每当他发脾气的时候就钉一根钉子在后院的围篱上。

第一天，这个男孩钉下了 37 根钉子。慢慢地每天钉下的数量减少。他发现控制自己的脾气要比钉下那些钉子来得容易些。

终于有一天这个男孩再也不会失去耐性乱发脾气，他告诉他的父亲这件事，父亲告诉他，现在开始每当他能控制自己的脾气的时候，就拔出一根钉子。

一天天地过去了，最后男孩告诉他的父亲，他终于把所有钉子都拔出来了。

父亲握着他的手来到后院说：你做得很好，我的好孩子。但是看看那些围篱上的洞，这些围篱将永远不能恢复了。你生气的时候说的话将像这些钉子一样留下疤痕。如果你拿刀子捅别人一刀，不管你说了多少次对不起，那个伤口将永远存在。话语的伤痛就像真实的伤痛一样令人无法承受。

人与人之间常常因为一些彼此无法释怀的坚持，而造成永远的伤害。如果我们都能从自己做起，开始宽容地看待他人，相信你一定能收到许多意想不到的结果。帮别人开启一扇窗，也就是让自己看到更完整的天空。

二十、安徒生的梦想

"你有理想吗？你想怎样让梦想成真？坚持努力的过程，或许会是艰辛与充满苦痛的，但只要不放弃希望，终能获得甜美的果实。"安徒生说："只要你是天鹅蛋，那么即使你是在鸭栏里孵出来的也没有关系。"

从前有一个穷孩子，父亲是鞋匠。父亲去世之后，母亲为了生活不得不带着他另嫁。有一天，他有机会去晋见王子，他满怀希望，在王子面前唱诗歌。朗诵剧本。表演完毕后，王子问他想要求什么赏赐？这个穷孩子大胆地提出要求："我想写诗剧，并在皇家剧院演戏。"王子把这个长着小丑般大鼻子的笨拙男孩从头到脚看了一遍，然后对他说："能够背诵剧本，并不表示能够写剧本，那是两码事，我劝你还是去学一门有用的手艺吧。"

但是，他回家以后，打破了自己的储钱罐，向母亲和从不关心自己的继父道别，离家去追寻自己的理想。这时候，他才14岁，但他相信，只要自己愿意努力，安徒生这个名字一定会流传千古。

他到了哥本哈根，挨家挨户地按门铃，几乎按遍了所有达官贵人的门铃，却没有人赏识他，他衣衫褴褛地落魄街头，却仍不减他心中的热情。

第二节　信心与目标

一、老鹰与兔子

一只鹰坐在高高的树上休息，无所事事。一只小兔子看见鹰并且问它，"我能像你一样坐着什么都不干吗？"鹰回答："行啊，为啥不行。"于是，兔子坐在鹰下面的地上休息。突然，一只狐狸出现了，它扑到兔子身上把它吃掉了。

要想坐着无所事事，你必须坐在非常高的位置。

二、简单道理

从前，有两个饥饿的人得到了一位长者的恩赐：一根鱼竿和一篓鲜活硕大的鱼。其中，一个人要了一篓鱼，另一个人要了一根鱼竿，于是他们分道扬镳了。得到鱼的人原地就用干柴搭起篝火煮起了鱼，他狼吞虎咽，还没有品出鲜鱼的肉香，转瞬间，连鱼带汤就被他吃了个精光，不久，他便饿死在空空的鱼篓旁。另一个人则提着鱼竿继续忍饥挨饿，一步步艰难地向海边走去，可当他已经看到不远处那片蔚蓝色的海洋时，他浑身的最后一点力气也使完了，他也只能眼巴巴地带着无尽的遗憾撒手人间。

又有两个饥饿的人，他们同样得到了长者恩赐的一根鱼竿和一篓鱼。只是他们并没有各奔东西，而是商定共同去找寻大海，他俩每次只煮一条鱼，他们经过遥远的跋涉，来到了海边。从此，两人开始了捕鱼为生的日子，几年后，他们盖起了房子，有了各自的家庭、子女，有了自己建造的渔船，过上了幸福安康的生活。

一个人只顾眼前的利益，得到的终将是短暂的欢愉；一个人目标高远，但也要面对现实的生活。

只有把理想和现实有机结合起来，才有可能成为一个成功之人。有时候一个简单的道理，却足以给人意味深长的生命启示。

三、学会选择

劳伦特毕业于哈佛大学，他是一位很有抱负的年轻人。在哈佛的毕业典礼上，他信誓旦旦地向导师保证，自己将来一定能在社会上取得一番不小的成就，可是现实终究是残酷的，劳伦特屡屡碰壁，许多年过去了，仍然一事无成。于是，他来到一个富翁的家里，向对方请教成功的诀窍。

富翁弄清楚劳伦特的来意后，什么也没有说，只是转身从厨房拿来了一个大西瓜。劳伦特有些迷惑不解，不明白富翁要做什么，只是睁大眼睛看着富翁把西瓜切成了大小不等的三块。

"如果每块西瓜代表一定的利益，你会如何选择呢？"富翁一边说一边把西瓜放到劳伦特面前。

"当然选择最大的那块！"劳伦特毫不犹豫地回答。

富翁笑了笑说："那好，请用吧！"

于是富翁把最大的那块西瓜递给了劳伦特，自己却吃起了最小的那块。当劳伦特还在津津有味地享用最大的那一块时，富翁已经吃完了最小的那一块。接着，富翁很得意地拿起了剩下的那一块，还故意在劳伦特眼前晃了晃，然后大口地吃了起来。

其实，那两块小的加起来要比最大的那一块分量大得多。劳伦特马上就明白了富翁的意思：富翁吃的那两块西瓜虽然都没有自己吃的那块大，可是最后却比自己吃得多。如果每块西瓜代表一定程度的利益，那么富翁赢得的利益自然要比自己的多。

最后，富翁对劳伦特语重心长地说："一个人想获得成功，必须懂得选择的智慧，我们在做出选择时，也放弃了人生的另一种可能。所以，做任何抉择都要慎重，要懂得选择与放弃的智慧。"

有"眼力"的选择会受益匪浅。

四、我的处境并不是最糟糕的

有一则故事说，一个穷人与妻子，六个孩子，还有女儿女婿，共同生活在一间小木屋里，狭窄的居住条件让他感到活不下去了，便去找智者求救。他说："我们全家这么多人只有一间小木屋，整天争吵不休，我的精神快崩溃了，我的家简直是地狱，再这样下去，我就要死了。"智者说："你按我说的去做，情况会变得好一些。穷人听了这话，当然是喜不自胜。智者听说穷人家还有一头奶牛、一只山羊和一群鸡，便说："我有让你解除困境的办法了，你回家去，把这些家畜带到屋里，与人一起生活。"穷人一听大为震惊，但他是事先答应要按智者说的去做的，只好依计而行。

过了一天，穷人满脸痛苦地找到智者说："智者，你给我出的什么主意？事情比以前更糟，现在我家成了十足的地狱，我真的活不下去了，你得帮帮我。"智者平静地说："好吧，你回去把那些鸡赶出房间就好了。"过了一天，穷人又来了，他仍然痛不欲生，他哭诉说："那只山羊撕碎了我房间里的一切东西，它让我的生活如同噩梦。"智者温和地说："回去把山羊牵出屋就好了。"过了几天，穷人又来了，他还是那样痛苦，他说："那头奶牛把屋子搞成了牛棚，请你想想，人怎么可以与牲畜同处一室呢。""完全正确，"智者说，"赶快回家，把牛牵出屋去！"

故事的结局是这样的：过了半天，穷人找到智者，他是一路跑着来的，满脸红光，兴奋难抑，他拉住智者的手说："谢谢你，智者，你又把甜蜜的生活给了我。现在所有的动物都出去了，屋子显得那么安静，那么宽敞，那么干净，你不知道，我是多么开心啊！"

境由心生。只要看好自己的处境，你的处境就永远不是最糟糕的。

五、每个人面前都有一根拉杆

巴拉斯从小生活在一个十分糟糕的家庭中，她的爸爸因患小儿麻痹症，瘸了一条腿，成天只知道赌博和酗酒；她的妈妈有精神分裂症，不仅无法正常工作，一旦病情发作起来，还常常冲巴拉斯大声地吼叫，甚至动手打她。由于家庭的贫困，无人管束的巴拉斯整天像个男孩子一样四处疯跑，跟人打架，甚至染上了偷盗的恶习。

巴拉斯的邻居是一个名叫威尔逊的跳高运动员，在巴拉斯12岁那年，他把巴拉斯带到运动场上，准备教她练习跳高。巴拉斯站在运动场上不敢动弹，她胆怯地问威尔逊先生："我真的能像您一样成为一名跳高运动员吗？"威尔逊反问她："为什么不能呢？"巴拉斯低下头，小声地说："难道您不知道，我的母亲是一个患有精神分裂症的人，我的父亲是残疾人，并且还是一个酒鬼，我的家境很糟糕……"

威尔逊摇摇头，再次反问她："这和你跳高又有什么关系呢？"巴拉斯回答不上来了，是啊，这和她跳高又有什么关系呢。巴拉斯嗫嚅了半天说："因为我不是个好孩子，而您却是那么优秀。"威尔逊又摇了摇头说："没有人天生就是优秀的，也没有人生来就是坏孩子。只要你想让自己成为一个优秀的好孩子，那么就一定能够成功的。另外，我要告诉你的是，不要把不好的家境当成你变成好孩子的阻力，而要让它成为你的动力。"

巴拉斯的眼中泪光闪烁，很坚定地点了点头。威尔逊给她一个1米高的栏杆，让她跳过去。巴拉斯很轻松就跳过了。接着，威尔逊又将那根栏杆撤下来，让巴拉斯再跳一次，结果巴拉斯仅能跳过0.6米。威尔逊拍了拍她的肩膀，说："孩子，现在这根栏杆就好像你苦难的家境，正是因为有了这根栏杆，你跳高的时候才有了足够的动力，如果你不相信的话，我现在就将栏杆加到1.2米，你一定能够跳过去的。"威尔逊真的将栏杆加到了1.2米，巴拉斯咬了咬牙，竟然奇迹般地跳过去了。从那以后，巴拉斯对威尔逊说的每一句话都深信不疑，她下定决心要出人头地，以自己的能力来改善处于困境中的家庭。

接下来的日子里，巴拉斯在威尔逊的教导下努力训练，不断地超越自己。后来又经过威尔逊的介绍，加入了体育俱乐部，并在那里认识了罗马尼亚的全

国男子跳高冠军约·索特尔。在索特尔的精心培育下，14 岁的巴拉斯跳过了
1.51 米。1956 年夏天，19 岁的巴拉斯终于跳过 1.75 米，第一次打破了世界纪
录。1958 年，她又以 1.78 米的成绩创造了新的世界纪录，并从此开始了巴拉
斯时代。

在 1956 年到 1961 年的 5 年中，巴拉斯共 14 次刷新世界纪录。1960 年罗
马奥运会上，她以 1.85 米的成绩获得她一生中第一枚奥运金牌，比第二名的
成绩高出 14 厘米。1961 年她再创世界纪录，越过了被誉为"世界屋脊"的
1.91 米的高度。此纪录一直保持了 10 年之久。她从 1959 年到 1967 年，在 140
次比赛中获胜，是世界上跳高比赛获胜最多的女运动员，人们也因此称地为喀
尔巴阡山的"女飞鹰"。

抛弃自卑、勇往直前、勤学苦练，就会攀登世界高峰。

六、宽大

这是一个来自越战归来的士兵的故事。他从旧金山打电话给他的父母，告
诉他们："爸妈，我回来了，可是我有个不情之请。我想带一个朋友同我一起
回家。""当然好啊！"他们回答，"我们会很高兴见到的。"

不过儿子又继续下去："可是有件事我想先告诉你们，他在越战里受了重
伤，少了一条胳臂和一只脚，他现在走投无路，我想请他回来和我们一起
生活。"

"儿子，我很遗憾，不过或许我们可以帮他找个安身之处。"父亲又接着
说，"儿子你不知道自己在说些什么。像他这样残障的人会对我们生活造成
很大的负担。我们还有自己的生活要过，不能就让他这样破坏了。我建议你先
回家然后忘了他，他会找到自己的一片天空的。"就在此时儿子挂上了电话，
他的父母再也没有他的消息了。

几天后，这对父母接到了来自旧金山警局的电话，告诉他们亲爱的儿子已
经坠楼身亡了。警方相信这只是单纯的自杀案件。于是他们伤心欲绝地飞往旧
金山，并在警方的带领之下到停尸间去辨认儿子的遗体。

那的确是他们的儿子，没错，但惊讶的是儿子居然只有一条胳臂和一
条腿。

故事中的父母就和我们大多数人一样。喜爱面貌姣好或谈吐风趣的人很容

易，但是要喜欢那些造成我们不便和不快的人却太难了。我们总是宁愿和那些不如我们健康，美丽或聪明的人保持距离。

然而，有些人却不会对我们如此残酷。他们会无怨无悔地爱我们，不论我们多么糟总是愿意接纳我们。

每个人的心里都藏着一种神奇的东西，称之为"友情"，你不知道它究竟是如何发生何时发生，但你却知道它总会带给我们特殊的礼物。

你也会了解友情是上天给我们最珍贵的赠与！朋友就像是稀奇的宝物。他们带来欢笑，激励我们成功。他们倾听我们内心的话，与我们分享每一句赞美。他们的心房永远为我们而敞开。现在就告诉你的朋友你有多在乎他们。

以宽大为怀的博爱去爱身边所有的人，这个世界就会充满爱。

七、学会宽恕与原谅

有一支部队在森林中与敌军相遇，经过一场激烈的战争之后，有两名战士与部队失去了联系，他们只能相依为命。两人来自同一个小镇，他们在森林中艰难跋涉，互相安慰，可是，十多天过去了，他们仍然没有与部队联系上。有一天，他们打死了一只鹿，他们凭着鹿肉艰难地度过了几天，也许是战争使动物都逃走或被杀光了。在这之后，他们再也没看到任何动物，两名战士继续前行，但是他们只剩下一点鹿肉了。

这一天，两名战士在森林中与敌军相遇，经过一次激战，两人巧妙地避开了敌人。就在他们脱离危险时，却听到一声枪响，走在前面那个年轻战士中了一枪，幸运的是伤在了肩膀上。后面的那位战士惶恐不安地跑过来，他害怕得语无伦次，抱着年轻战士的身体泪流不止，赶快撕下自己的衬衣将战友的伤口包扎好。那天晚上，没有受伤的战士一直念叨着母亲的名字，他们都认为自己熬不过这一关了，但是，尽管他们十分饥饿，但谁也没有动身边的鹿肉。幸运的是，第二天部队救出了他们。

30年过去了，那位受伤的战士说："我知道是谁开的那一枪，他就是我的战友，当时他抱住我时，我感觉到他的枪管是热的，我怎么也不明白，他为什么对我开枪？但是，当天晚上我就原谅了他，我知道他想独吞那点鹿肉，我知道他想为了母亲而活下来。在以后的30年里，我假装根本不知道这件事，也从来不提起这件事。战争太残酷了，他的母亲还是没有等到他回来，我和战友一起祭奠了他的母亲。那一天，战友跪下来，请求我原谅他，我没有让他继续说下去，我们继续做了几十年的朋友，我宽容了他。"

八、不能以貌取人

多年前，在波士顿火车站，一辆火车缓缓停下，一对老年夫妇颤巍巍地走了下来。老妇人身着已经褪色的方格条纹套装，她的丈夫则是一身破旧的行头，老两口是前来哈佛大学求见校长的，因为事先并未预约，他们显得有点局促和底气不足，但既然已经来了，他们还是硬着头皮进了会客室。

秘书小姐将他们从上到下打量了一番，然后问道："两位提前预约了吗？"

老夫妇摇了摇头，老妇人着急地说道："秘书小姐，我们是有急事才来的，麻烦你帮我们跟校长说一声！"

听了她的话，秘书小姐沉默了片刻。虽然她断定这两个人是从乡下来的"土包子"，校长也不可能和他们有业务关系，但她还是向校长传达了这件事情。如她所料，校长一口回绝了老夫妇的请求，并让她告诉他们自己很忙。

于是，秘书小姐将校长的意思告诉了老夫妇，她说："很抱歉，因为你们来之前没有与校长约定见面时间，校长现在正在忙。"

那位老妇人的丈夫轻声地说："那么校长什么时候才有空呢？我们真的是有急事找他。"

秘书小姐很礼貌地说："校长说他今天都会很忙！"

那位老妇人的丈夫还想说些什么，她却抢先一步说："没关系，我们可以在这里等校长忙完。"

在接下来的几个小时内，秘书小姐再没有理睬老两口，她断定这两个乡下人一定会泄气自行离开的。然而她的判断落空了，两位老人静静地坐在那里，一点离去的意思都没有。无奈之下，秘书只好决定再打扰一下校长先生。

"如果您能见他们几分钟，他们马上就会走人了。"秘书小姐对校长说道。

校长听了秘书小姐的话后，勉强同意了她的请求。那对老夫妇如愿走进了校长的办公室，校长却摆出一副骄傲且不太情愿的表情和他们见了面。

校长虚伪地说道："非常抱歉，听秘书小姐说你们等了我一天，不知道两位有什么事情？"

老妇人对校长说道："我们的一个儿子在哈佛读了一年书，他特别喜爱哈佛,他在这里很开心。但是一年前,他在一次意外事故中丧生,我们希望在校园里的某个地方建一栋建筑来怀念他。"

听完这件事后,校长不但没有被感动,反而觉得这对老夫妇的想法非常可笑,于是不耐烦地说:"夫人,您真会开玩笑,我们怎么可能为每一位曾经在哈佛上过学而后逝世的学生建雕像呢?假如我真的同意了你们的要求,那么哈佛的校园将不再是校园,而是墓园了。"

"哦,不,不。"老妇人赶紧解释说,"我们并不是说要建雕像,我们是想给哈佛建一栋建筑。"

校长看了看眼前这对穿着寒酸的老夫妇,觉得他们简直是痴人说梦。但他还是压住心中的不悦,吸了一口气,说道:"你们知不知道在哈佛校园建一栋建筑需要花费多少钱?我们学校的每一栋建筑物都超过了750万美元。"

老妇人沉默了一会,然后转向丈夫,静静地说:"建一栋建筑物总共就花这么多钱吗?为什么我们不建一所属于自己的学校呢?"

丈夫点了点头,看着妻子说道:"你说得很对,建一所自己的大学要比捐一栋建筑给别人划算得多。"

于是,这对老夫妇离开了校长室。不久之后,他们在加州投资建立了一所大学来纪念逝去的儿子,并将这所大学命名为斯坦福大学。

事实上,这对老夫妇就是中央太平洋铁路公司的创始人,他们的儿子小利兰·斯坦福在前往欧洲旅行时,感染伤寒,不幸病逝。他们本想在哈佛捐建一栋建筑来纪念儿子,但却遭到了哈佛校长的拒绝。

尊重是金,以貌取人必败。

九、寻找精美的石头

有两个人相约到山上去寻找精美的石头,甲背了满满的一筐,乙的筐里只有一个他认为是最精美的石头。甲就笑乙:"你为什么只挑一个啊?"乙说:"漂亮的石头虽然多,但我只选一个最精美的就够了。"甲笑而不语,下山的路上,甲感到负担越来越重,最后不得已不断地从一筐的石头中挑一个最差的扔下,到下山的时候他的筐里结果只剩下一个石头!人生中会有许多的东西,值得留恋,有的时候你应该学会去放弃。

十、和尚对话

老和尚问小和尚："如果你前进一步是死，后退一步则亡，你该怎么办？"小和尚毫不犹豫地说："我往旁边去。"天无绝人之路，人生路上遭遇进退两难的境况时，换个角度思考，也许就会明白：路的旁边还是路。

十一、沙子与珍珠

有一个自以为是的年轻人，毕业以后屡次碰壁，一直找不到工作，他觉得自己怀才不遇，对社会感到非常失望。

多次的碰壁，让他伤心而绝望，他感到没有伯乐来赏识他这匹"千里马"。痛苦绝望之下，他来到海边，打算就此结束自己的生命。在他正要自杀的时候，正好有一位老人从附近走过，看见了他，并且救了他。老人问他为什么要走绝路，他说自己得不到别人和社会的承认，没有人欣赏并且重用他。

老人从脚下的沙滩上捡起一粒沙子，让年轻人看了看，然后就随便扔在了地上，对年轻人说："请你把我刚才扔在地上的那粒沙子捡起来。""这根本不可能！"年轻人说。老人没有说话，从自己的口袋里掏出一颗晶莹剔透的珍珠，也是随便扔在了地上，然后对年轻人说："你能不能把这颗珍珠捡起来呢？""当然可以！""那你就应该明白是为什么了吧？你应该知道，现在你自己还不是一颗珍珠，所以你不能苛求别人立即承认你。如果要别人承认，那你就要想办法使自己成为一颗珍珠才行。"年轻人蹙眉低首，一时无语。有的时候，你必须知道自己是普通的沙粒，而不是价值连城的珍珠。你要卓尔不群，那要有鹤立鸡群的资本才行。所以忍受不了打击，承受不住忽视和平淡，就很难创造辉煌。若要自己卓然出众，那就使自己成为一颗珍珠。

无论你现在工作如何，请你先试着把自己变成一颗珍珠吧！

十二、请将不如激将

俗话说："请将不如激将。"这一词来源于《三国演义》，在这本书中，诸葛亮就将这种方法运用得出神入化。在与周瑜斗智斗勇中，他正是借助于激将法，成功地达到了自己的目的。同样的，英国著名神经生理学家谢灵顿，早年是个横暴乡里、染尽恶习的浪荡子，用我们教师的说法就是一个典型的后进生。成年后，一次，他心血来潮地向一个女工求婚，不料那女工断然拒绝："我宁愿跳到泰晤士河里淹死，也不能嫁给你。"这当头一棒，羞得谢灵顿无地自容，从此他发愤读书，改过从善，终于成为近代神经生理学的创始人，并于1932年获得诺贝尔奖。这些事例都提醒我们，有时，适当的刺激可以达到惊人的效果。

十三、成功意见彰显魅力

许多年以前，盐湖城有一位勤劳节俭的年轻人。他常常受到朋友和邻居们的赞美。但他的一项举动使他的朋友们都认为他疯了。他从银行取出他所有的存款，到纽约参观汽车展，回来时买了一辆新车。更糟糕的是，当他回到家之后便立刻把车停到车库中，并将每个零件都拆卸下来。在研究完之后，他又把车子组装起来。

朋友和邻居们都认为他的行为实在太不正常了，而当他一再重复拆卸组装的动作时，这些旁观者们更加确定他疯了。这位年轻人就是后来的"汽车大亨"克莱斯勒。他的朋友和邻居们不了解隐藏在他看似疯狂行为中的目标，更不了解成功意识对他的重大影响力。

只要有心，又尽力投入，就会创造人间奇迹。

十四、有精神就有奇迹

"坚持正确信念的人，表面上也许一无所获，但是他收获了精神上的丰盈和充实，这是再多的金钱也买不到的。有了精神，人们便能在废墟上建造家园；有了精神，人们便能创造一切人间奇迹。"

西西弗神因为偷了天庭里的火种给人间，受到了上帝的惩罚。上帝命令他把山下的石头堆垒到山顶上，但是，他刚把石头堆上去，石头又自动滚下山去。

日复一日，年复一年，西西弗神就这样重复着这种毫无成效的劳动。但他一直坚信能够让人们利用火种吃到熟食是正义的行为。于是，在每天朝阳初升时，他便满怀信心地投入这项庄严的劳动之中。

西西弗神最后得到了什么？他得到全世界人民的热爱和歌颂，当然也包括这则神话的创造哲人。

十五、自信是成功的第一秘诀

罗纳德从哈佛毕业以后，便自己创办了一家公司。经过几年的打拼，他的公司迅速壮大，年营业额超过 100 万美元。可是罗纳德不满足于已有成就，他决定让自己的公司上市，以便筹集资金干大事。

当时申请成立股份公司比较容易，难的是在华尔街找一家有实力的股票承销商，这些股票承销商往往对实力一般的小公司不屑一顾。当罗纳德办妥成立股份公司的一切法律手续后，才发现找不到一家证券商愿意承销他的股票，罗纳德顿时陷入进退两难的境地。一般人到了这种地步，大概早就放弃了，但罗纳德却没有将事情干到半路就收场的习惯。他想：难道我非得依赖那些讨厌的证券商吗？他们不肯帮我发行股票，我自己推销。他说干就干，邀集朋友们，到处散发印有招股说明书的传单。

在华尔街的历史上，不要承销商而自行发行股票，是破天荒的第一次，行家们都断言罗纳德必然以失败收场。罗纳德决心跟华尔街的传统观念赌一把，并且有信心成为赢家。他和他那些热心肠的朋友们，从一个城市到另一个城市，起劲地推销股票。结果呢，他真的做了赢家。他的离经叛道之举在社会上引起了很大的轰动，人们抱着或敬佩，或赞赏，或好奇，或尝试的心理，纷纷购买他的股票，短时间内他便卖出 40 万股，筹得了 100 万美元。

获得资金后，罗纳德如虎添翼。他以小鱼吃大鱼的方式，在股市中进行了一系列漂亮的投资运作，奇迹般地兼并了多家大公司。几年后，他掌控的资金超过 10 亿美元，创造了一个现代股市神话。

自信是成功的宝贵源泉。

十六、若失去了勇气，就等于把一切都丢掉了

凯伊拉曾经是哈佛大学的一名学生，可是由于经济窘迫和身体虚弱的原因，他最终选择了休学。凯伊拉感到痛苦万分，人生对于他来说仿佛已经索然无味了。

在一个晴朗的日子，凯伊拉找到了牧师。牧师已疾病缠身，脑溢血彻底摧毁了他的健康，并遗留下右侧偏瘫和失语等症，医生们断言他再也不能恢复语言了。然而仅在病后几周，他就努力学会了重新讲话和行走。

　　凯伊拉向牧师诉说自己的遭遇，牧师很耐心地听着，等凯伊拉倾诉完了，牧师才说："是的，不幸的经历使你心灵充满创伤，你现在生活的主要内容就是叹息，并想从叹息中寻找安慰。"牧师闪烁的目光始终注视着凯伊拉，"有些人不善于抛开痛苦，他们让痛苦缠绕一生直至幻灭。但有些人能利用悲哀的情感获得生命悲壮的感受，并从而对生活恢复信心。"

　　"让我给你看样东西。"牧师向窗外指去。那边矗立着一排高大的枫树，在枫树间悬吊着一些陈旧的粗绳索。他说："60年前，这儿的庄园主种下这些树护卫牧场，他在树间牵拉了许多粗绳索。对于幼树嫩弱的生命，这太残酷了。有些树面对残忍现实，能与命运抗争，而另有一些树消极地诅咒命运，结果就完全不同了。"

　　牧师又指着那棵被绳索损伤已枯萎的老树说："为什么那棵树毁掉了，而这一棵树已成绳索的主宰而不是牺牲品呢?"

　　眼前这棵粗壮的枫树看不出有什么疤痕，所看到的是绳索穿过树干——几乎像钻了一个洞似的，真是一个奇迹。

　　"关于这些树，我想过许多。"牧师说，"只有体内强大的生命力才可能战胜像绳索带来的那样的终身创伤，而不是自己毁掉宝贵的生命。"沉思了一会儿后，他说："对于人，有很多解忧的方法。在痛苦的时候，找个朋友倾诉，找些活干。对待不幸，要有清醒而客观的全面认识，尽量抛掉那些怨恨情绪负担。这一点是最重要的，也是最困难的：你应尽一切努力愉悦自己，真正地爱自己，并抓住机会磨炼自己。"

　　恒心搭起通天路，勇气推开智慧门。

十七、并不是你想象中那样

　　两个旅行中的天使到一个富有的家庭借宿。这家人对他们并不友好，并且拒绝让他们在舒适的客人卧室过夜，而是在冰冷的地下室给他们找了一个角落。当他们铺床时，较老的天使发现墙上有一个洞，就顺手把它修补好了。年轻的天使问为什么，老天使答到："有些事并不像它看上去那样。"

　　第二晚，两人又到了一个非常贫穷的农家借宿。主人夫妇俩对他们非常热情，把仅有的一点点食物拿出来款待客人，然后又让出自己的床铺给两个天使。第二天一早，两个天使发现农夫和他的妻子在哭泣，他们唯一的生活来源

——一头奶牛死了。年轻的天使非常愤怒，他质问老天使为什么会这样，第一个家庭什么都有，老天使还帮助他们修补墙洞，第二个家庭尽管如此贫穷还是热情款待客人，而老天使却没有阻止奶牛的死亡。

"有些事并不像它看上去那样。"老天使答道，"当我们在地下室过夜时，我从墙洞看到墙里面堆满了金块。因为主人被贪欲所迷惑，不愿意分享他的财富，所以我把墙洞填上了。昨天晚上，死亡之神来召唤农夫的妻子，我让奶牛代替了她。所以有些事并不像它看上去那样。"

有些时候事情的表面并不是它实际应该的样子。如果你有信念，你只需要坚信付出总会得到回报。

十八、自信让人焕发向上的动力

所谓自信心，它是一种反映个体对自己是否有能力成功地完成某项活动的信任程度的心理特性。同时是一种积极、有效地表现自我价值、自我尊重、自我理解的意识特征和心理状态，也称之为信心。

华罗庚是我国著名的数学家。然而，在他上小学的时候学习成绩并不好，因此，连小学毕业证书都没有拿到，只是拿到一张修业证书。在他上初中一年级的时候，数学考试都是经过补考才及格的，所以，同学们都嘲笑他是"废物"。但是，同学们的嘲讽并没有使华罗庚灰心丧气，他暗下决心：必须要学好数学，并且他也一直坚信自己一定能够学好数学。信心一经树立起来，就会释放出无穷无尽的力量：华罗庚心里很清楚，自己并不比其他人聪明，于是就采用"以勤补拙"的方法：别人学习一个小时，他就学习两个小时，甚至更长的时间。经过不懈的努力，最后，他终于成为一位著名的数学家。

声名显赫的数学家华罗庚并不是从小就天赋异禀，反而是一个差生，经遭到同学们的讥笑，但是他并没有放弃自己，并没有一蹶不振，而是对自己充满信心，最终做出了一番成就，成了数学界的权威，这足以说明自信心是动力，使人向上。

勤能补拙是良训，一分辛苦一分才。

十九、学会诚信

多年以前，美国纽约的"红心慈善协会"在为一家孤儿院新建房子的时候，意外地挖到了一座坟墓。为了找到死者家属来商量迁坟事宜，他们在报纸上刊登启事，并且以 5 万美元作为补偿。

有一位叫作爱德华的青年人在看到这个消息之后，不由得怦然心动。他的家就曾在那片土地上，父亲也确实死去了，但不是葬在那里，就差了一点点，爱德华忍不住想，这座坟墓既然没有人认领，自己可不可以冒充一回孝子，做一回儿子呢？如果能够得到 5 万美元，那该是一件多么美好的事情啊！爱德华为自己的想法而激动。不过启事上说得很明白：要去认领，得拿出相关的证明。

于是爱德华绞尽脑汁，去旧货市场买了一张三十年前的旧发票，让人在旧发票上盖了一个章，作为自己认爹的"相关证明"。

当爱德华喜出望外地来到那家慈善机构，一位接待小姐却告诉他，他是第 169 位来认父亲的儿子。说得明白点，现在已经有 169 位儿子来认爹了，他们要一一审查，确认谁是其中的真儿子。

爱德华好像当头挨了一棒，傻傻地站在那里不知道如何是好。他怎么也没有想到，会有这么多和他一样财迷心窍，想认爹的人。

当时的美国社会都在经受着一场信任与诚实的危机，人们对诚信的呼声日渐高涨。事情被一家媒体报道，将这 169 位认爹的人的姓名刊登在报纸上，告诉人们，人再贪财，爹是不能乱认的。这时对坟墓尸骨的鉴定也出来了，令人惊奇的是，这 169 位儿子都是假的。坟墓里的尸体已经有 160 年了，死者的儿子不可能还健在。事情让人哗然。

面对如此的闹剧，美国全国上下深受震动。各界人士纷纷站出来讲话，呼吁诚信，提倡道德，重整人心，号召人们一定要做一个诚实的人，一定要用自己的劳动创造自己的未来。

经过那次事件，爱德华也感到无地自容，非常惭愧。他将那份报纸珍藏起来，金子似的保存着，以警示自己，一定要做一个诚实可信的人。10 年后，爱德华成了全美通讯器材界的巨子，当有人问他创业成功的秘诀时，爱德华坚定而感慨地说："诚实，是诚实帮助了我，它使我懂得了如何做人、如何待人并使我有了事业。一个诚实可信的人，虽然会被人欺骗，常常吃亏，但最终会赢得信誉，受人爱戴，并获得成功。"

获得尊重，欺骗永不得人心。

二十、抱怨不如付出努力

工人向朋友抱怨："活是我们干的，受到表扬的却是组长，最后的成果又都变成经理的了，不公平。"朋友微笑说："看看你的手表，是不是先看时针，再看分针，可是运转最多的秒针你却看都不看一眼。"日常生活中，感到不公平就要付出努力做前者，抱怨是没有用的。

二十一、"理想"的对话

美国知名主持人林克莱特有一天访问一名小朋友，问他说："你长大后想要做什么呀？"小朋友天真地回答："嗯……我要当飞机的驾驶员！"林克莱特接着问："如果有一天，你的飞机飞到太平洋上空所有引擎都熄火了，你会怎么办？"小朋友想了想："我会先告诉坐在飞机上的人绑好安全带，然后我挂上我的降落伞跳出去。"当在场的观众笑得东倒西歪时，林克莱特继续注视着这孩子，想看他是不是自作聪明的家伙。没想到，接着孩子的两行热泪夺眶而出，这才使得林克莱特发觉这孩子的悲悯之心远非笔墨所能形容。于是林克莱特问他说："为什么你要这么做？"小孩的答案透露了这个孩子真挚的想法："我要去拿燃料，我还要回来。""听话的艺术"：一是听话不要听一半。二是不要把自己的意，投射到别人所说的话上头。要学会聆听，用心听，虚心听。

第三节　细节与目标

一、鞋带

有一位表演大师上场前，他的弟子告诉他鞋带松了。大师点头致谢，蹲下来仔细系好。等到弟子转身后，又蹲下来将鞋带解松。

有个旁观者看到了这一切，不解地问："大师，您为什么又要将鞋带解松呢?"大师回答道："因为我饰演的是一位劳累的旅者，长途跋涉让他的鞋带松开，可以通过这个细节表他的劳累憔悴。"

"那你为什么不直接告诉你的弟子呢?"

"他能细心地发现我的鞋带松了，并且热心地告诉我，我一定要保护他这种热情的积极性，及时地给他鼓励，至于为什么要将鞋带解开，将来会有更多的机会教他表演，可以下次再说啊。"

人，在一段时间内只能做一件事。懂抓重点，才是真正的人才。

二、热忱的态度能攻克一切堡垒

哈佛毕业生卡塞尔在加州一家电子销售公司找到了一份业务员的工作。按照公司历来的做法：公司会交给卡塞尔一份很难缠的潜力客户名单。其中有一家公司是以前的大客户，但是却在多年前断绝往来了。

卡塞尔决定把跟这家公司的合作，当做自己人生中的一项挑战。这表示卡塞尔先说服老板，让老板相信他可以把这家公司扳回来。起初老板是不太相信，但不想泼卡塞尔的冷水，于是允许他去拜访那家客户。这令卡塞尔喜出望外。

卡塞尔信心满满，把赢回这家客户当做自己的使命来完成。他向那家公司提供了保证价，缩短交货期，并允诺更好的服务。他向那家公司的采购处处长表示："我们公司将会做一切令你们满意的事。"

当卡塞尔第一次与采购处处长面对面地谈话时，他的热忱就起了很重要的作用。他面带微笑地走进会客室，并说道："很高兴能再回来，让我们一起来共同合作。"

卡塞尔从来没有想过他可能无法成交，他完全忽略他的公司已经丢掉了这个客户的事实。他以最高昂、热忱的态度说服他的客户，并且承诺说："我们公司已经做好了全面的准备，很高兴可以再次为你们服务。"

后来，采购处处长告诉卡塞尔的老板，他们考虑再次合作的唯一理由就是因为卡塞尔的热忱。后来，他们的订单一年就有 50 万美元的余额，这让卡塞尔成为公司的精英人才。

热忱能破坚冰，诚恳能获人心。

三、关注细节

在一家国际酒店的众多面试者中，老板选中了一位年轻人负责这家酒店的管理工作。

事后，一位经理很疑惑地问老板："我很想知道，您为什么会喜欢那个年轻人，他既没带一封介绍信，也没任何人推荐。"

老板喝了一口茶，微笑着对经理说："我早就注意到了他。他在门口蹭掉鞋上的土，进门时随手关上了门，说明他做事小心仔细；当看到那位残疾老人时，他立即起身让座，表明他心地善良、体贴别人；进了办公室，他先脱去帽子，回答我提出的问题干脆果断，证明他既懂礼貌又有教养。"

"其他所有的人都从我故意放在地板上的那本书上迈过去，而这个青年却俯身拾起那本书，并放在桌上。当我和他交谈时，我发现他衣着整洁，头发梳得整整齐齐，指甲修得干干净净。难道你不认为这些足以说服我让他做酒店的管理者吗？"

细节决定成败，关注细节真的很重要。

四、误会的代价

早年在美国阿拉斯加，有一对年轻人结婚，婚后生育，他的太太因难产而死，遗下一孩子。

他忙生活，又忙于看家，因没有人帮忙看孩子，就训练一只狗，那狗聪明听话，能照顾小孩，咬着奶瓶喂奶给孩子喝，抚养孩子。有一天，主人出门去了，叫它照顾孩子。

他到了别的乡村，因遇大雪，当日不能回来。第二天才赶回家，狗立即闻声出来迎接主人。他把房门打开一看，到处是血，抬头一望，床上也是血，孩子不见了，狗在身边，满口也是血，主人发现这种情形，以为狗性发作，把孩子吃掉了，大怒之下，拿起刀来向着狗头一劈，把狗杀死了。

之后，忽然听到孩子的声音，又见他从床下爬了出来，于是抱起孩子；虽然身上有血，但并未受伤。

他很奇怪，不知究竟是怎么一回事，再看看狗身，腿上的肉没有了，旁边有一只狼，口里还咬着狗的肉；狗救了小主人，却被主人误杀了，这真是天下最令人惊奇的误会。

误会的事，是人往往在不了解，无理智，无耐心，缺少思考，未能多体谅对方，反省自己，感情极为冲动的情况下发生的。

误会一开始，即一直只想到对方的千错万错，因此，会使误会越陷越深，弄到不可收拾的地步，人对无知的动物——小狗发生误会，尚且会有如此可怕严重的后果，这样人与人之间的误会，则其后果更是难以想象。

五、爱人之心

这是发生在英国的一个真实故事。

有位孤独的老人，无儿无女，又体弱多病。他决定搬到养老院去。老人宣布出售他漂亮的住宅。购买者闻讯蜂拥而至。住宅底价8万英镑，但人们很快就将它炒到了10万英镑。价钱还在不断攀升。老人深陷在沙发里，满目忧郁，是的，要不是健康情形不行，他是不会卖掉这栋陪他度过大半生的住宅的。

一个衣着朴素的青年来到老人眼前，弯下腰，低声说："先生，我也好想买这栋住宅，可我只有1万英镑。可是，如果您把住宅卖给我，我保证会让您依旧生活在这里，和我一起喝茶，读报，散步，天天都快快乐乐的——相信我，我会用整颗心来照顾您!"

老人颔首微笑，把住宅以1万英镑的价钱卖给了他。

完成梦想，不一定非得要冷酷地厮杀和欺诈，有时，只要你拥有一颗爱人之心就可以了。

六、学会感恩

很久以前，有一个小男孩因生活贫困不得不靠挨家挨户地推销商品来积攒学费。

傍晚时，他感到身心疲惫，饥饿难耐，可是他推销得却很不顺利，这让他有些绝望。他想，如果这时能够得到一杯水，那该多好啊! 于是他敲响了一户人家的门。开门的是一位美丽的小女孩，她给了他一杯浓浓的热牛奶，令饥渴的男孩感激万分。

许多年之后，这个小男孩成了一位著名的外科大夫。一位妇女因病情严重，当地的大夫都无计可施，便被转到了那位著名的外科大夫所在的医院。外科大夫为妇女做完手术后，惊喜地发现那位妇女正是多年前在他饥寒交迫时，给过他帮助的小女孩，当年也正是因为那杯热牛奶使他又鼓足了对生活的信心。

正在那位妇女为昂贵的手术费而愁眉不展时，她猛然发现手术费单子上有这么一行字：手术费等于一杯热牛奶。

学会感恩，生活就会充满阳光和快乐。

七、给自己也给别人一缕光

德国农学家苏力贝克发现：凡在黑夜翻耕的土壤中，仅有2%的野草种子日后会发芽，但如果在白天翻耕，野草种子发芽率高达80%，约为前者40倍之多。

这是为什么呢？苏力贝克通过进一步研究，得出如下结论：绝大多数野草种子在被翻出土后的数小时之内，如果没有受到光线的刺激，便难以发芽。

如果处于人生的黑夜，也别忘了给自己一缕"光"——一缕希望的光，一缕自信的光，一缕上进的光，一缕面对生活微笑的光……这一缕又一缕光，看似微弱，但它拯救的，却是整个人生啊！

如果一只飞虫飞进你的耳朵，有这样两种解决问题的方式，你会选择哪一种呢？第一种：往你的耳朵里滴几滴清油，把飞虫的翅膀黏住，然后将它憋死。第二种：将你的耳朵靠近灯光，耳孔里的飞虫看到外面的亮光后，就会慢慢地顺着亮光爬出来。

无疑，你会选择后一种方式来解决问题。

在生活中，我们也有被人冲撞、被人冒犯的时候，但对待冲撞、冒犯我们的人，我们却没有了这份冷静和理智，没有了这份平和与宽容，我们往往或心怀仇恨，或大打出手，或伺机报复。为什么我们不能像对待冒失闯进我们耳朵里的飞虫那样，给别人一缕光呢——一缕温暖的光，一缕信任的光，一缕善意的光，一缕宽容的光呢？

八、所长无用

有个鲁国人擅长编草鞋，他妻子擅长织白绢。他想迁到越国去。友人对他说："你到越国去，一定会贫穷的。""为什么？""草鞋，是用来穿着走路的，但越国人习惯于赤足走路;白绢,是用来做帽子的,但越国人习惯于披头散发。凭着你的长处,到用不到你的地方去,这样,要使自己不贫穷,难道可能吗?"

一个人要发挥其专长,就必须适合社会环境需要。如果脱离社会环境的需要,其专长也就失去了价值。因此,我们要根据社会的需要,决定自己的行动,更好地去发挥自己的专长。

九、抓糖果的学问

有个小男孩,有一天妈妈带着他到杂货店去买东西,老板看到这个可爱的小孩,就打开一罐糖果,要小男孩自己拿一把糖果。但是这个男孩却没有任何动作。几次邀请之后,老板亲手抓了一大把糖果放进他的口袋中。回到家中,母亲好奇地问小男孩,为什么没有自己去抓糖果而要老板抓呢?小男孩回答很妙:"因为我的手比较小呀!而老板的手比较大,所以他拿的一定比我拿的多很多!"这是一个聪明的孩子,他知道自己的能力有限,而更重要的,他也知道别人比自己强。凡事不只靠自己的力量,学会适时地依靠他人,是一种谦卑,更是一种聪明。

十、猎狗与土拨鼠

上初中时,老师给我们讲了一个故事:有三只猎狗追一只土拨鼠,土拨鼠钻进了一个树洞。这只树洞只有一个出口,可不一会儿,从树洞里钻出一只兔子。兔子飞快地向前跑,并爬上一棵大树。兔子在树上,仓皇中没站稳,掉了下来,砸晕了正仰头看的三只猎狗,最后,兔子终于逃脱了。

故事讲完后,老师问:"这个故事有什么问题吗?"我们说:"兔子不会爬树。""一只兔子不可能同时砸晕三只猎狗。""还有呢?"老师继续问。直到我们再找不出问题了,老师才说:"可是还有一个问题,你们都没有提到,土拨鼠哪里去了?"

在追求的过程中,我们有时也会被途中的细枝末节和一些毫无意义的琐事分散精力,扰乱视线,以致中途停顿下来,或是走上岔路,而忘了自己原先追求的。

不要忘了时刻提醒自己,土拨鼠哪去了?自己心目中的目标哪去了?

十一、目标成就未来

世界著名的游泳健将弗洛伦丝·查德威克，从卡得林那岛游向加利福尼亚海湾，在海水中泡了 16 小时，只剩下 1800 多米时，她看见前面大雾茫茫，潜意识发出了"何时才能游到彼岸"的信号，她顿时浑身困乏，失去了信心。于是她被拉上小艇休息，失去了一次创造纪录的机会。事后，弗洛伦丝·查德威克才知道，她已经快要登上了成功的彼岸，阻碍她成功的不是大雾，而是她内心的疑惑，是她自己在大雾挡住视线之后，对创造新的纪录失去了信心，然后才被大雾俘虏。

过了两个多月，弗洛伦丝·查德威克又一次重游加利福尼亚海湾，游到最后，她不停地对自己说："离彼岸越来越近了！"潜意识发出了"我这次一定要打破纪录"的信号，她顿时浑身来劲，最后弗洛伦丝·查德威克终于实现了目标。

只要有目标、有信心，目标就肯定能够实现。

十二、目标和计划是通向快乐与成功的魔法钥匙

艾萨克中学毕业的时候，他的父亲就发现他具有特殊的商业天赋：机敏果敢，敢于创新。但他缺乏社会阅历，尤其是缺乏知识。父亲与他长谈了一次，并和他一起制订了一个能帮助艾萨克成为一个商界精英的长期学习计划。这个计划将艾萨克的学习生涯分为四个阶段。

第一阶段：攻读理工科学士。通过在哈佛大学攻读最基础、最普通的机械制造专业，艾萨克具备了做商贸必备的专业知识，了解了产品性能、生产制造情况，培养了知识技能，建立了一套严谨的逻辑思维体系，还形成了脚踏实地的工作态度。在这四年中，艾萨克还广泛选修了其他专业课程，如化学、建筑、电子等。这些知识为他后来的商业活动创造了难以估量的价值。

第二阶段：攻读经济学硕士。通过在哈佛大学 3 年经济学硕士的学习，他了解了影响商业活动的众多因素，懂得了商业的社会地位和作用，掌握了经济学的基本知识。在这 3 年的学习中，他还认真学习了经济法，并将主要精力放在管理知识的学习上。

第三阶段：积累社会阅历。离开哈佛后，艾萨克并没有急着去经商，而是

先做了 5 年政府的公务员。5 年的时间，使艾萨克从一个稚嫩的青年成长为一个深谙世故的公务员，在环境的压迫下，他树立起强烈的自我保护意识，并广泛结交各界人士，建立起一套关系网络。他非常善于利用这些网络来获得丰富的信息和便利条件。

第四阶段：掌握商情，熟悉业务。艾萨克辞去公务员的工作，应聘到了一家国际性的大公司。通过在这里两年的锻炼，在掌握了丰富的商情与商务技巧之后，他谢绝了公司的高薪挽留，自己开办了一家商贸公司，开始了梦寐以求的经商生涯。

艾萨克是一个有远见、有目标的人，这四个学习阶段共用了他 14 年的时间，每个阶段目标明确，任务具体。由于他在制订计划之前，对自己将来的发展目标定位准确，每个阶段的学习，都是以总的目标所需要具备的素质作为出发点，科学规划，合理安排。因此，当计划完成后，艾萨克已经具备了成功商人所应具备的所有条件。他的公司经营得非常出色。他有自己的游艇和别墅，他的身影常常出现在地中海、夏威夷阳光海滩上。现在他又根据自己的情况制订了新的学习计划，不难想象，在他这个新计划完成之后，一定会取得比现在更高的成就。

周密的计划是成功的可靠保证。

十三、调整好自己的时间

在大多数人眼中，埃尔维斯是一个一无是处的学生，从学校毕业以后一直碌碌无为。有一天，他去拜访他母校的德里克教授，并且希望教授能给他的未来指点一条道路。

德里克教授问他："你为什么来找我？"

埃尔维斯满脸愁容地回答道："我至今仍一无所有，恳请您给我指明一个方向，使我能够找到人生的价值。"

德里克教授摇了摇头，说："你和别人一样富有啊，因为每天时间老人也在你的'时间银行'里存下了 86400 秒。"

埃尔维斯苦涩地一笑，说："那有什么用处呢？它们既不能被当做金子，也不能换成一顿美餐……"

德里克教授肃然打断了他的话，问道："难道你不认为它们珍贵吗？你不妨去问一个刚刚延误乘机的游客，一分钟值多少钱；你再去问一个刚刚死里逃生的幸运儿，一秒钟值多少钱；最后，你去问一个刚刚与金牌失之交臂的田径运动员，一毫秒值多少钱？"听了教授的一番话，埃尔维斯羞愧地低下了头。

德里克教授继续说道："只要你明白了时间的珍贵，去发现一件自己想做的事情，那你脚下的路便又会慢慢平坦起来。"

珍惜时间、用足时间、调整好自己的时间就会产生高效益。

十四、摆正自己，展示自信

有个女孩儿有美丽动听的歌喉，但却长着一口龅牙，她在人前唱歌的时候总会因为龅牙而自卑。有一次，她参加歌唱比赛。上台后，她只顾掩饰难看的龅牙，不仅没有将歌唱好，反而让观众和评委感到好笑，结果可想而知，她失败了。但是有位评委认为她的音乐潜质极佳，便到后台找她，很认真地告诉她："你肯定能成功，但前提是你必须忘掉你的龅牙。"

在"伯乐"的鼓励和帮助下，女孩儿慢慢走出了龅牙的阴影。后来，她在一次全国性大赛中，以极富个性化的表演和歌唱倾倒了观众和评委，脱颖而出。

她就是卡丝·黛莉，美国一位著名的歌唱家。她的龅牙同她的名字一样有名，歌迷们还说她的牙很漂亮呢！

"忘却"能让人完美，完美会瑕不掩瑜。

十五、向梦想冲刺

玛利·芭特出生于20世纪30年代一个悲惨的家庭，她的母亲终身未嫁，一生嗜酒如命，毫无能力来照顾她。她在5岁的时候就被送到了收容所。尽管后来被收养，但不得不接受苛刻的家庭管制，有时候甚至被虐待或关暗房。17岁的玛利患上了抑郁症，然而她却被医生误认为精神分裂症。更加不幸的是，她被关在精神病院达17年之久。这期间她已经彻底绝望。

有的时候，她不开口，不吃也不动，曾多次企图自杀。到了60年代初，医生重新检查她的情况，却发现她不是精神分裂症。天啊！医院误诊了，而她却由于别人的失误被强行监禁17年。实际上，结果正如核脑手术检查出来的那样，她得的是忧郁症和恐慌混乱症。后来，经过朋友们、精神专家们的帮助，辅助以适当的治疗，她终于得以在 1964 年健康地走出了医院。

34 岁的玛利发现自己面临一个严峻的问题：她要怎样的生活？当然所有的不幸给了她平庸的理由。毕竟，她曾经遭遇过被抛弃、被虐待，她完全有权利去怨恨、去愤怒，然而，玛利有她自己的选择。

为了同命运抗争，她勇敢地向梦想冲刺。在离开医院之后她很快嫁给了所爱的人。又相继在莎琳学院和哈佛大学获得了学士和硕士学位。她选择帮助那些心理上有残疾的人，四处演讲，出书。同样，她的事迹也被拍成了由马娄·汤马斯主演的励志电视剧。

1988 年，58 岁的玛利回到了曾经摧残她多年的精神病院，但这次是以社区院长的身份，而不是病人。玛利说："宽恕让我从一个悲惨的起点迈向光明的前途。"美联社有一篇文章报道她的升职，她对此评价是："如果我不学会宽容与释然，我将永远无法成长。"

前行的路不管多么艰难，拥有希望，永远不要放弃自己，就定会有梦想实现的那一天。

十六、信任是一种力量

在烟波浩渺的大西洋上，一艘货轮缓缓地向前行驶。在船尾做勤杂的黑人小孩安迪不小心跌落大海。他大声地呼喊救命，可是风大浪急，他的声音完全被淹没了，最后只能眼睁睁地看着货轮拖着浪花越行越远。

安迪并没有放弃求生希望，他在水里拼命地游，他挥动着瘦小的双臂，努力使头伸出水面，睁大眼睛盯着轮船远去的方向。船越来越远，到后来，什么都看不见了，只剩下一望无际的汪洋。

安迪力气也快用完了，实在游不动了，他觉得自己要沉下去了。"放弃吧"，他对自己说。这时候，他想起了老船长，"不，船长知道我掉进海里，一定会来救我的！我不能放弃。"安迪鼓足勇气用生命的最后力量又朝前游去……

船长终于发现安迪失踪了，当他断定孩子是掉进海里后，下令返航，这时船员说："这么长时间了，就是没有被淹死，也让鲨鱼吃了。"

船长犹豫了一下，还是决定回去找。又有船员说："为一个黑人的孩子，值得吗？"

船长大喝一声："你们给我住嘴！"

终于，在安迪就要沉下去的最后一刻，货轮又回来了，被救起的安迪苏醒后，跪在地上感谢船长的救命之恩，船长扶起安迪问："孩子，你怎么能坚持这么长时间？"

安迪流着眼泪说："我知道您会来救我的，一定会的！"

"你怎么知道我一定会来救你呢？"

"因为我知道您是那样的人！"

听到这里，白发苍苍的船长泪流满面："孩子，不是我救了你，而是你救了我啊！我为我在那一刻的犹豫感到羞耻……"

信任中有一种无形的力量。真诚的信任能力挽狂澜、转危为安。

十七、促成自我改变的意愿

不知大家是否看过电影《国王的演讲》，影片的主人公乔治国王从小就口吃，在王室和公众那里，他的口吃甚至成为笑柄，乔治对自己有个强烈的认同：我永远不能在公众前演讲。因为这个认同，乔治在接受各种口吃技能训练时，几乎都没有什么成效。如果乔治不当国王，他口吃的问题解不解决也许都不重要，但命运恰好不这样安排，乔治必须接替国王，而且必须要在公众面前演讲，在特殊的历史时期，乔治的演讲，对于国家是使命更是责任。因此，当乔治意识到自己的使命后，他不得不接受改变的过程。乔治和我们后进生的改变一样，从开始的排斥、抗拒，到不得不面对自己的痛苦，虽然他已经是个国王，可内心却自卑无比，而如果，他不能面对自卑，治愈就不可能发生，在乔治因为对治疗抗拒而愤怒时，矫正师莱诺说了一句话："没有人天生就口吃。"可以说，正是这句话，促使乔治真正从内在开始接受改变，产生了强烈的自我改变的意愿。

只要有心、用心、真心去改变自己，自己就一定会改变。

十八、不甘平庸，像王者一样自信

这是一个发生在军营里的故事，年轻的布伦特和战友们一起训练、一起生活、一起挨批评、一起受表扬，但他的内心似乎有着更为强烈的想法：他不甘平庸，要当精兵。

这样的想法很多人在刚入伍时都曾有过，不过随着时间的推移，一直在坚持的人渐渐少了。在日复一日的训练和生活中，许多人都失去了当初的激情与兴致，变得保守而平庸。但对布伦特而言，他的征途永远没有终点。布伦特常说："在军营这个火热的环境里，我能学到很多东西。适应环境的最好方法就是积极地改变自己。我想改变，也努力地去做了，所以我实现了目标。"

在平淡的日子里，布伦特不停地努力着，从不间断地坚持着，也一天天发生着细微的变化。不到半年时间，他的训练成绩从最初的中等水平逐渐上升到了连队的上游。由于表现突出，他被推荐到教导队参加预提指挥士官集训。在他人看来如同魔鬼训练营一般的教导队，布伦特找到了属于自己的空间。他越发感受到了自身的价值，心中的自信心也变得越来越强烈。障碍、战术、射击……他的训练成绩无一例外的都是第一。

布伦特心里十分清楚自己要做什么，他很自信地对战友们说："我的目标就是当一名优秀的士兵，做一名兵王。"

你能走多远，看你与谁同行。你有多大成就，看你的目标有多宏伟。

十九、钢化玻璃杯的故事

一个农民，初中只读了两年，家里就没钱继续供他上学了。他辍学回家，帮父亲耕种三亩薄田。在他19岁时，父亲去世了，家庭的重担全部压在了他的肩上。他要照顾身体不好的母亲，还有一位瘫痪在床的祖母。

20世纪80年代，农田承包到户。他把一块水洼挖成池塘，想养鱼。但乡里的干部告诉他，水田不能养鱼，只能种庄稼，他只好又把水塘填平。这件事成了一个笑话，在别人的眼里，他是一个想发财但有非常愚蠢的人。

听说养鸡能赚钱，他向亲戚借了500元钱，养起了鸡。但是一场洪水后，鸡得了鸡瘟，几天内全部死光。500元对别人来说可能不算什么，对一个只靠三亩薄田生活的家庭而言，不啻为天文数字。他的母亲受不了这个刺激，竟然忧郁而死。

他后来酿过酒，捕过鱼，甚至还在石矿的悬崖上帮人打过炮眼……可都没有赚到钱。

35岁的时候，他还没有娶到媳妇。即使是离异的、有孩子的女人也看不上他。因为他只有一间土屋，随时有可能在一场大雨后倒塌。娶不上老婆的男人，在农村是没有人看得起的。

但他还想搏一搏，就四处借钱买一辆手扶拖拉机。不料，上路不到半个月，这辆拖拉机就载着他冲入一条河里。他断了一条腿，成了瘸子。而那拖拉机，被人捞起来，已经支离破碎，他只能拆开它，当做废铁卖。

几乎所有的人都说他这辈子完了。但是后来他却成了我所在的这个城市里的一家公司的老总，手中有两亿元的资产。现在，许多人都知道他苦难的过去和富有传奇色彩的创业经历。许多媒体采访过他，许多报告文学描述过他。但我只记得这样一个情节。

记者问他："在苦难的日子里，你凭什么一次又一次毫不退缩？"

他坐在宽大豪华的老板台后面，喝完了手里的一杯水。然后，他把玻璃杯子握在手里，反问记者："如果我松手，这只杯子会怎样？"

记者说："摔在地上，碎了。"

"那我们试试看。"他说。

他手一松，杯子掉到地上发出清脆的声音，但并没有破碎，而是完好无损。他说："即使有 10 个人在场，他们都会认为这只杯子必碎无疑。但是，这只杯子不是普通的玻璃杯，而是用钢化玻璃制作的。"

于是，我记住了这段经典绝妙的对话。这样的人，即使只有一口气，他也会努力去拉住成功的手，除非上苍剥夺了他的生命。

天无绝人之路，只要有希望，就得拼搏下去。只要拼了，就一定有收获。

二十、学会自制

有一个叫比尔的间谍被敌军捉住以后，他立刻装聋作哑。任凭对方用怎样的方法诱问他，他都绝不为威胁、诱骗的话语所动。最后，审问的人故意和气地对比尔说："好吧，看起来我从你这里问不出任何东西，你可以走了。"这时，比尔会怎样做呢？很多青少年朋友一定以为他会立刻带着微笑，转身走开。然而事实并非如此。

作为一个很有经验的间谍，比尔知道只要他一跨步，就意味着他会暴露自己的身份，死亡的危险马上就会降临。所以比尔依旧呆立着不动，仿佛他对于那个审问者的命令，完全不曾听懂似的。

原来，审问者是想以释放他来观察他的聋哑是否真实。因为一个人在获得自由的时候，常常会抑制不住内心的激动，从而暴露自己隐瞒的事实。但是比尔听了审问者的话依然毫无动静，仿佛审问还在进行，审问者终于相信他确实是个残疾人，说："这个人如果不是聋哑的残疾者，那一定是个疯子了！放他出去！"就这样，比尔以他特有的自制力使自己免遭了一劫。

人和动物的最大区别：人能说话而且坚强的自制力。

二十一、求学的天堂

哈佛，每个学子心中最高的殿堂。作为世界一流学府，哈佛大学培养了许多名人，他们中有 8 位美国总统、40 位诺贝尔奖得主、30 位普利策奖得主以及各行各业的精英。到了哈佛你就会知道，真正的精英并不是天才，而是付出了更多努力的人。

哈佛大学占地 154 公顷，没有现代化的高楼大厦，只有随处可见的用新英格兰红砖建筑的图书馆。当你走进美丽的哈佛校园，置身于晨曦中，只见湖边、路边，许多学子正在聚精会神地晨读着；当你走进藏书逾千万册的哈佛大学图书馆，只见每间阅览室都灯火通明，每个座位上都坐着认真看书的学子。他们没穿华丽的服装，更不见四处游荡，有的只是匆匆的脚步，坚实地写下人生的篇章。

英国一家电视台曾做过一期题为《凌晨四点半》的专题节目，内容讲的是，在一个平常日子的凌晨四点半，哈佛图书馆内，已经坐满了静静看书、认真做笔记、积极思考问题的哈佛学子……

哈佛的老师经常告诫学生："如果你想在进入社会后，在任何时候、任何场合下都能得心应手并且得到应有的评价，那么你在哈佛学习期间，就没有晒太阳的时间。"一分耕耘一分收获。我们在感叹哈佛为什么能够成为培养精英的摇篮时，也应该反省一下，自己是否真的勤奋努力过？如果我们在年轻的时候没有付出，那么在该收获的时候就没有收获。青少年朋友应该明白，天下没有免费的午餐，只有靠我们勤奋的双手去努力、去创造，才会给自己的人生交出一份满意的答卷。

如果你走进哈佛的学生餐厅，很难听到叽叽喳喳说话的声音，每个学生端着比萨、可乐坐下后，往往边吃边看书或是边做笔记。即使是用餐时间，哈佛学生也要充分利用起来。可以说，哈佛的餐厅不过是一个可以吃东西的图书馆，是哈佛正宗 100 个图书馆之外的另类图书馆。

在哈佛，学生的学习是不分白天和黑夜的。即使在半夜或者凌晨，整个校园也是灯火通明的，那是一座不夜城。餐厅里，图书馆里，教室里还有很多学生在看书。那种强烈的学习气氛感染着哈佛的每一位学子。哈佛的本科生，每学期至少要选修 4 门课，一年是 8 门课，4 年之内修满 32 门课并通过考试才可以毕业。而且，哈佛的作业量很大。学生课后要花很多时间看书，复习案例。

每堂课都需要提前做大量的准备，课前准备充分了，上课时才能在课堂上和别人交流，否则，你是无法融入到课堂的教学中的。

由于哈佛学生的勤奋努力，在哈佛的校园里，到处可以看到睡觉的学生，甚至在食堂的长椅上也有学生呼呼大睡。而旁边来来往往就餐的人并不觉得稀奇。因为他们知道，这些倒头就睡的学生实在是太累了。

究竟是什么让哈佛的学子有了这样坚定的信念，这样勤奋努力地学习呢？哈佛图书馆墙上的 20 条训言似乎已经告诉了我们答案。虽然只是寥寥数语，却发人深省。

第四节　合作与担当

一、救人

在一场激烈的战斗中，上尉忽然发现一架敌机向阵地俯冲下来。照常理，发现敌机俯冲时要毫不犹豫地卧倒。可上尉并没有立刻卧倒，他发现离他四五米远处有个小战士还站在哪儿。他顾不上多想，一个鱼跃飞身将小战士紧紧地压在了身下。此时一声巨响，飞溅起来的泥土纷纷落在他们的身上。上尉拍拍身上的尘土，回头一看，顿时惊呆了：刚才自己所处的那个位置被炸成了一个大坑。

在帮助别人的同时也帮助了自己。

二、给予

有个老木匠准备退休，他告诉老板，说要离开建筑行业，回家与妻子儿女享受天伦之乐。老板舍不得他的好功夫，问他是否能帮忙再建一座房子，老木匠说可以。但是人家后来看得出来，他的心已不在工作上，他用的是次料，出的是粗活。房子建好的时候，老板把门的钥匙递给他。

"这是你的房子。"他说，"我送给你的礼物。"

他震惊得目瞪口呆，羞愧得无地自容。如果他早知道是在给自己建房子，他怎么会这样呢？现在他得住在一幢粗制滥造的房子里！我们又何尝不是这样。我们漫不经心地"建造自己的生活，不是积极行动，而是消极应付，凡事不肯精益求精，在关键时刻不能尽最大努力。我们惊觉自己的处境，早已深困在自己建造的"房子里了。把你当成那个木匠吧，想想你的房子，每天你敲进去一颗钉，加上去一块板，或者竖起一面墙，用你的智慧好好建造吧！你的生活是你一生唯一的创造，不能抹平重建，即使只有一天可活，那一天也要活得优美、珍贵，墙上的铭牌写着："生活是自己创造的!"

做事一定要尽心、尽力，因为生活是自己创造的，每天都是现场直播。

三、合作才能双赢

有个人想知道天堂和地狱究竟有什么区别，于是便向上帝请教。

上帝对他说："好吧，我们先看看什么是地狱。"于是，上帝把他带进一个房间，那里有一群人正围坐在一大锅肉汤前。但是，每个人看起来都面黄肌瘦，一副饥肠辘辘的样子。那人仔细一看，虽然他们都拿着一个可以伸到锅里的汤匙，但汤匙的柄却比他们的手臂还要长，根本无法将食物送进嘴里，就这样，他们只能眼睁睁地看着一锅香喷喷的肉汤兴叹，在饥饿带来的死亡面前，他们神情十分悲苦。

"来吧！我们再来看看什么是天堂。"看过地狱之后，上帝对那个人说。

他们又走进另一间房间，这间房间和第一个房间完全相同：一锅汤、一群人、一样的长柄汤匙。但是这里的每个人都显得很快乐，吃得饱，睡得香，一个个红光满面，精神抖擞。

那个人感觉很奇怪，但他仔细一看，就明白了其中的原因：原来他们都将自己汤匙里的汤送到对面人的嘴里，在相互帮助中，每个人都喝到了美味可口的肉汤。

合作共赢，任何人都需要他人的支助和鼓励。

四、盲人点灯

禅师见盲人打着灯笼，不解，询问缘由。盲人说："我听说天黑以后，世人都跟我一样什么都看不见，所以我才点上灯为他们照亮道路。"禅师说："原来你是为了众人才点灯，很有善心。"盲人说："其实我也是为自己点的灯，因为点了灯，在黑夜里别人才看见我，不会撞到我。"禅师大悟："为别人就是为自己。"

五、农夫的故事

一个农夫进城卖驴和山羊。山羊的脖子上系着一个小铃铛。三个小偷看见了，一个小偷说："我去偷羊，叫农夫发现不了。"另一个小偷说："我要从农夫手里把驴偷走。"第三个小偷说："这都不难，我能把农夫身上的衣服全部偷来。"

第一个小偷在道路的转弯处悄悄地走近山羊，把铃铛解了下来，拴到了驴尾巴上，然后把羊牵走了。农夫四处环顾了一下，发现山羊不见了，就开始寻找。

这时第二个小偷走到农夫面前，问他在找什么，农夫说他丢了一只山羊。小偷说："我见到你的山羊了，刚才有一个人牵着一只山羊向这片树林里走去了，现在还能抓住他。"农夫恳求小偷帮他牵着驴，自己去追山羊。第二个小偷趁机把驴牵走了。

农夫从树林里回来一看，驴子也不见了，就在路上一边走一边哭。走着走着，他看见池塘边坐着一个人，也在哭。农夫问他发生了什么事。

那人说："人家让我把一口袋金子送到城里去，实在是太累了，我在池塘边坐着休息，睡着了，睡梦中把那口袋推到水里去了。"农夫问他为什么不下去把口袋捞上来。那人说："我怕水，因为我不会游泳，谁要把这一口袋金子捞上来。我就送他二十锭金子。"

农夫大喜，心想："正因为别人偷走了我的山羊和驴子，上帝才赐给我幸运。"于是，他脱下衣服，潜到水里，可是他无论如何也找不到那一口袋金子。当他从水里爬上来时，发现衣服不见了。原来是第三个小偷把他的衣服偷了。

这就是人生的三大陷阱：大意、轻信、贪婪。在人性修养的道路上，要不断地用"规则"去约束自己，努力使自己的品德优化。

六、敢于担当

1957 年诺贝尔文学奖的获得者阿贝尔·加缪出生在一个贫苦的家庭。在他很小的时候，父亲就去世了。小加缪只能与母亲相依为命，日子过得很清贫。不过，为了不让儿子在同伴中感到自卑，在小加缪到了上学年龄时，妈妈还是毫不犹豫地把他送到了学校。

懂事的小加缪发现，因为自己上学又增加了学费和其他一些花销，妈妈肩上的担子更重了。妈妈每天都努力地工作，由于经常熬夜，才三十几岁的人，脸上就已经爬满了皱纹。懂事的小加缪看在眼里，疼在心里。

有一天晚上，小加缪又伏在那盏小煤油灯下复习功课。写完作业之后，他看见妈妈还在忙碌，自己又帮不上忙，就早早地上床睡觉了。半夜里，小加缪忽然被一阵咳嗽声惊醒了，睁开眼睛一看，妈妈还没有睡，她正借着微弱的灯光缝补衣服呢。小加缪再也忍不住了，他一骨碌从被子里爬起来："……妈妈，我以后再也不能让你这么辛苦了，你看，我已经长大了，是个小男子汉了，我想出去找点活儿干，减轻一下家里的负担。"

儿子善解人意的话，让妈妈的眼睛湿润了。妈妈把小加缪紧紧地搂在怀里，泪水顺着面颊流了下来。

看见妈妈流下眼泪，小加缪有些不知所措："妈妈，难道我说错了吗？你为什么哭了？"

"好孩子，你没有说错。可是你现在还太小了，妈妈怎么舍得让你去干活儿呢？你现在需要做的就是好好学习，只有等你长大了，才能帮助妈妈减轻负担呀。"妈妈抚摸着小加缪的头轻轻地说。

听了妈妈的话，小加缪认真地点了点头，从那以后，他学习更认真了。但是，无论妈妈怎么努力，他们家的生活还是越来越困难。读完小学以后，在小加缪的一再央求下，妈妈终于同意了他的要求，让他去做些事情，帮助家里减轻负担，但前提是不能耽误自己的学习。

从那以后，小加缪一边读书，一边劳动。一开始，他找到了一份扫大街的工作。这对小加缪来说，无疑是份苦差事，因为他每天不仅需要很早起床，还要拿着几乎跟他一样高的扫帚去扫大街，人小，扫的地方又大，小加缪常常累得满头大汗。为了给妈妈减轻负担，小加缪努力着坚持过来了。后来，小加缪又到一个饭馆里去洗碗。这个工作和扫大街的工作比起来更辛苦，小加缪和几个小伙计每天都拼命干活，还常常不能按时洗完那些小山一样高的碗碟。

艰难的生活让小加缪经受了磨炼，也养成了他刻苦勤奋的优良品质。后来，他通过自己的不懈努力，考取了大学，并最终获得了诺贝尔文学奖，成为举世瞩目的大文学家。

敢于担当，乐于清贫，奋然前行，一定会硕果累累。

七、攀比会失去自我

有一个国王生活过得很郁闷，他希望自己能像神仙一样每天不用为衣食发愁，还可以四处云游。面对着案桌上要批阅的文书，国王皱着眉头，自言自语道："日理万机的生活真的好辛苦啊！"于是，他走出宫廷，到御花园里去散心。

让他感到奇怪的是，花园里一派萧条，花和树都枯萎了。

"你昨天不是还好好的吗？今天怎么就枯萎了？"国王对橡树说。

"我没有松树那么高，于是我一直不停地往上拔高自己，结果我的根脱离了土壤……"橡树有气无力地说。

"可是，松树，你又为什么快快不乐呢？"国王好奇地问松树。

"因为我不能结和葡萄一样的果子，所以才快快不乐的！"国王听了感到很诧异。

他更加诧异地问葡萄："连松树都羡慕你，你怎么也气息奄奄了呢？"

"你好，我一直不停地拼命生长，可还是不能开出像郁金香那样美丽的鲜花……恐怕我就要抑郁而死了……"

让国王欣慰的是，在他的脚旁边生长着一棵茂盛的小草，他差点就把它踩在了脚底下。

"小家伙，你叫什么名字？"

"我叫安心草。"小草摇头晃脑地回答。

"别的植物都枯萎了，只有你还在茁壮地生长，这是为什么？"

"因为我只想安心地做一棵草啊！"

保持最佳心态：小而平凡。获得最大成功：鹤立鸡群。

八、原来我也很富有

有一位青年，老是埋怨自己时运不济，发不了财，终日愁眉不展。这一天，走过来一个须发皆白的老人，问："年轻人，为什么不快乐？"

"我不明白，为什么我总是这么穷。"

"穷？你很富了嘛！"老人由衷地说。

"这从何说起？"年轻人问。

老人反问道："假如现在斩掉你一个手指头，给你1千元，你干不干？"

"不干。"年轻人回答。

"假如斩掉你一只手，给你1万元，你干不干？"

"不干。"

"假如使你双眼都瞎掉，给你10万元，你干不干？"

"不干。"

"假如让你马上变成80岁的老人，给你100万，你干不干？"

"不干。"

"假如让你马上死掉，给你1000万，你干不干？"

"不干。"

"这就对了，你已经拥有超过1000万的财富，为什么还哀叹自己贫穷呢？"老人笑吟吟地问道。

青年愕然无言，突然什么都明白了。

亲爱的朋友，如果你早上醒来发现自己还能自由呼吸，你就比在这个星期中离开人世的人更有福气。

如果你从来没有经历过战争的危险、被囚禁的孤寂、受折磨的疾苦和忍饥挨饿的难受……

你已经好过世界上5亿人了。如果你能够参加一个宗教聚会而没有侵扰、拘捕、施刑或死亡的恐惧，你已经比30亿人更幸福了。如果你的冰箱里有食物，身上有足够的衣服，有屋栖身，你已经比世界上70%的人更富足了。

根据联合国"世界粮食日"数据显示，全球有 36 个国家目前正陷于粮食危机当中；全球仍有 8 亿人处于饥饿状态，第二世界的粮食短缺问题尤为严重。在发展中国家，有两成人无法获得足够的粮食，而在非洲大陆，有三分之一的儿童长期营养不良。全球每年有 600 万学龄前儿童因饥饿而夭折！

如果你的银行账户有存款，钱包里有现金，你已经身居于世界上最富有的 8% 之列！如果你的双亲仍然在世，并且没有分居或离婚，你已属于稀少的一群。如果你能抬起头，面容上带着笑容，并且内心充满感恩的心情，你就是真的幸福了——因为世界上大部分的人都可以这样做，但是他们却没有。如果你能握着一个人的手，拥抱他，或者只是在他的肩膀上拍一下……你的确很有福气了——因为你所做的，已经等同于上帝才能做到的。

如果你能读到这段文字，那么你更是拥有了双份的福气，你与 20 亿不能阅读的人相比不是幸福很多吗？

看到这里，请你暂且放下书，然后非常认真地对自己说一句话："哇！原来我是这么富有的人！"

是的，想想这些，你还有什么不快乐的呢？

一位美国老师曾给他的学生讲过一件令其终生难忘的事情。

"我曾是个多虑的人，"他说道，"但是，1934 年的春天，当我走在韦布城的西多提街道，有个景象扫除了我所有的忧虑。事情的发生虽然只有十几秒钟，但就在那一刹那，我对生命意义的了解，比在前 10 年中所学的还多。那两年，我在韦布城开了家杂货店，由于经营不善，不仅花掉所有的积蓄，还负债累累，估计得花 7 年的时间来偿还。我刚在星期六结束营业，准备到'商矿银行'贷款，然后到堪萨斯城找一份工作。我像一只斗败的公鸡，没有了信心和斗志。突然间，有个人从街的另一头过来。那人没有双腿，坐在一块安装着溜冰鞋滑轮的小木板上，两手各用木棍撑着向前行进。他横过道，微微提起小木板准备登上路边的人行道。就在那几秒钟，我们的视线相遇，只见他坦然一笑，很有精神地向我呼：'早安，先生，今天天气真好啊！'我望着他，突然体会到自己是何等的富有。我有双足，可以行走，为什么却如此自怜？这个人缺了双腿仍能快乐自信，我这个四肢健全的人还有什么不能的？我挺了挺胸膛，本来准备到'商矿银行'只借 100 元，现在却决定借 200 元；本想说我到堪萨斯城想找点小事故，现在却有信心地宣称：我到堪萨斯城去找一份工作。结果，我借了钱，找到了工作。"

"现在，我把下面一段话写在洗手间的镜面上，每天早上刮胡子的时候都念它一遍：我闷闷不乐，是因为我少了一双鞋，直到我在街上，见到有人缺了两条腿。"

人的一生总会遇到各种各样的不幸，但快乐的人却不会将这些装在心里，因此他们没有忧虑。所以，快乐是什么？快乐就是珍惜已拥有的一切。

如果你想生活得快乐，那么你就学会知足吧！只有知足才是寻求快乐的唯一法宝。

九、一双筷子看人品

与一朋友吃饭，恰好碰上父亲来看我，便接来一起吃。父亲寡言，饭间一直静静地听我们聊天。回家的路上，父亲说："你这个朋友，不可深交。"我愕然，这个朋友是因生意认识的，合作过几次，印象还不错。父亲说："从吃相看，基本可以估摸出他是个怎样的人。他夹菜有个习惯性动作，总是用筷子把盘子底部的菜翻上来，划拉几下，才夹起菜，对喜欢吃的菜，更是反反复复地翻炒，就好比把筷子当成锅铲，把一盘菜在盘子里重新炒了一次。"我不以为然："每个人习惯不同，有的人喜欢细嚼慢咽，有的人喜欢大快朵颐，不可苛求。"父亲摇摇头说："如果一个生活困窘的人面对一盘盘美味佳肴，吃相不雅可以理解，可你这位朋友本是生意之人，物质生活并不困苦，如此吃相，只能说明他是个自私、狭隘之人。面对一盘菜，他丝毫不顾及别人的感受，用筷子在盘子里翻来覆去地炒，如果面对的是利益的诱惑，他一定会不择手段占为己有。"接着，父亲讲起他小时候的故事。父亲5岁时，爷爷就去世了，孤儿寡母的日子过得极为窘迫，常常饥不果腹。有时去亲戚家做客，奶奶会提前反复叮嘱父亲："儿啊，吃饭时一定要注意自己的吃相，不能独自霸占自己喜欢吃的菜，那会被人耻笑的。尽管我们家穷，但不能失了礼节。"奶奶的话，父亲铭记于心，即使面对满桌美味佳肴，他也不会失态，总能控制有度。末了，父亲意味深长地说："不要小瞧一双筷子，一个小小的细节，就可以看出拿筷子者的修为和人品。"后来发生的一件事，印证了父亲的话，为了一点蝇头小利，那位朋友果然弃义而去。从那之后，我一直谨记父亲的话，一个人的一生，诱惑何其多，但要时刻对欲望加以节制，好的东西，更不能占为己有，要与人分享。提炼做人的品质，应从一双筷子的节制开始。

十年前一个穷苦大学生郝武德，为了付学费，挨家挨户地推销货品。到了晚上，发现自己的肚子很饿，而口袋里只剩下一个小钱。他在街上犹豫徘徊了半天，终于鼓起勇气，敲响了一户人家的门，准备讨点饭吃。然而当一位年轻貌美的女孩子打开门时，他却失去了勇气。他没敢讨饭，却只要求一杯水喝。女孩看出他饥饿的样子，于是给他端出一大杯鲜奶来。他不慌不忙地将它喝下，然后问道："我应付您多少钱？"而女孩的答复却是："你不欠我一分钱。母亲告诉我们，不要为善事要求回报。"他怀着感恩的心，向女孩深深地鞠了一躬，真诚地说道："那么我只有由衷地谢谢你了！"当郝武德离开时，不但觉得自己的气力强壮了不少，而且对人生的信心也增强了。他本来已经陷入绝望，准备放弃一切的。十年后，有个女人病情危急。当地医生都已束手无策。家人于是将她送进大城市，以便请专家来检查她罕见的病情。他们请主任医师郝武德博士亲自来诊断。当他听说，病人是自己的家乡某某城的人时，他眼中充满了奇特的光芒。他立刻走向医院的病房。当他来到病人的床前时，他一眼就认出了她。他决心尽最大的努力来挽救她的生命。从那天起，他特别观察她的病情，查阅了所有的文献，并发帖向全世界同行咨询。经过不懈的努力，终于让她起死回生，战胜了病魔。最后，批价室将出院的账单送到郝武德手中，请他签字。医生看了账单一眼，然后在账单边缘上写了几个字，将账单转送到她的病房里。她不敢打开账单，因为她确定，她可能需要一辈子才能还清全部的医药费！签署人：郝武德医生。她的眼中顿时盈满了泪水，她心中感动地祈祷着："上帝啊！感谢您，感谢您的慈爱，借由众人的心和手，在不断地传播着。"爱出者爱返，福往者福来。让我们时刻有感恩的心吧！谢谢身边给你一点帮助的人！

十、"疏与堵"的学问

（1）忌一味地"疏"。

在改变后进生的过程中，有的教师感觉到了"疏"好，就一味地"疏"，结果效果反而不好。于是他们质疑"疏"的方法的效果。其实，不管是疏还是堵，最好二者结合着用，纵然是疏，其中必要有堵的作用存在。要记住，疏是为了更好地堵，二者应该是相辅相成，而不是对立的。试想，鲧治水，只是一味地堵,结果导致水患更严重。被堵的洪水最后一怒而起,造成了比之前更严重的灾祸,其原因在于在堵的过程中,水积聚了更大的力量。而禹治水的疏,顺应水流的方向,给寻找出路的水以合适的渠道,引导它们到达合理之处,既让水的力量得到发泄,也避免了水患。从表现上看,二者之间好像没什么关联,完全是对立的。其实不然。

因此,在帮助后进生的过程中,教师不能单一地堵,也不可单一地疏。要依据后进生的实际情况而定,采取灵活的方法。

(2)堵后必须疏,疏前必须堵。

大禹治水,疏通河道,导水至海,这是"疏"的典型。但他亦必是坚固了那河之两岸大堤,堵了大堤上可能漏水的各处泉眼,择定了疏导河流的方向。否则,四处导之,则必定四处皆为汪洋,天下尽为泽国。今时的班级管理,也有这么一个道理在其中。制出了禁令之后,一定得有相应的奖惩措施;告之"这不可""那不可"之后,一定得告之"哪些可""如何可"。

(3)堵为有条件的堵,疏为有讲究的疏。

在后进生转化的过程中,"堵"是有条件的,要讲个合法、合情、合理。"疏"是有讲究的,要讲个尊重、理解、帮助。不管是"堵"还是"疏",所要记住的都是这么一个基本原则:"学生是有人格的学生,学生是有尊严的学生,教师无权侵犯学生的基本权益。"只有讲究了这些,这"堵"和"疏"才是人性化的,这样的帮助方法,才是科学的方法,对后进生才最有效。

第五节 自强与创新

一、生气的豚鱼

宋朝文学家苏轼写过一篇文章《河豚鱼说》,书中讲了这样一个故事:一条豚鱼,游到一座桥下,撞到桥柱上。它不反省自己不小心,也不打算绕过桥柱游过去，反而很生气，恼怒桥柱撞了它。它气得张开两鳃，胀起肚子，漂浮在水面，很长时间一动也不动。后来，一只老鹰发现了它，一把抓起了它，转眼间，这条豚鱼就成了老鹰的美餐。

故事中的这条豚鱼由于缺乏自我反省的意识和能力，最终葬送了自己的性命。人也一样。一般来说，人对世界的认识主要包括两个方面：一是对客观外在世界的认识，对他人、社会的认识；二是对自我内心世界的认识。自省就是对自己内心世界的认识。人通过自我反省、反观自己内心世界，随时随地了解、认识自己的思想、意识、情绪与态度，进而让自己得到提升。这是一种重要的能力，其作用之大，连我国古代的智者老子都予以承认，他说："知人者智，自知者明。胜人者有力，自胜者强。知足者富，强行者有志，不失其所者久，死而不亡者寿。"（老子《道德经·第三十三章》）意思是说，能认识别人的叫做机智，能认识自己的才叫做高明，能战胜别人的叫做有力，能克制自己的人才算刚强。能知足的人就可以叫做"富"；强行的人就可以叫做"有志"；不失其所的人或者说能守持自身位置的人就可以叫做"久"；死而不亡的人就可叫做"寿"。

自省才能自强，知足才能知乐，关键是使自己强大、强大再强大。

二、为什么读书

安东尼·拉马纳出生在意大利西西里岛上的一个小村庄里。他一共有十个兄弟姐妹，所以他不到 12 岁便到采石场干活了。但安东尼·拉马纳却不甘心自己的命运就是如此。于是他经常会利用一些闲暇时间阅读有关西西里岛的历史和地理，并听老人们讲述岛屿的变迁。从书上，他看到了外面的世界与岛屿的差距，于是在 16 岁那年，他沿着山谷顺流而下，一直来到海边，随后跟着一艘货船来到了美国。

在美国，当他遇到困难时，有多少次他曾想踏上回家的路，听一听那熟悉友好的声音。但是，他每想到这里就更加坚定地意识到，自己应该通过学习来改变自己的命运。

22 岁那年，他凭借着不懈的努力，获得了自己梦寐以求的证书——一张石匠工会卡。不久他便被选去在林肯的纪念碑上，雕刻林肯在葛底斯堡的讲演词。在雕刻林肯的讲演词时，他深深地被林肯的人生经历打动。他想：林肯这位生活艰辛,而最后靠着学习改变命运的人,早年生活几乎跟自己一样,但后来他却当上了律师,最后竟又当上了总统。那么自己是不是也会有功成名就的一天呢?

一天吃午饭时,安东尼坐在高高的脚手架上,望着巨大的林肯雕像,这位来自西西里岛采石场的小石匠突然做出了一项决定:安东尼·拉马纳能够成为一个更有用的人,他要当律师。他在一块木板上写道"安东尼·拉马纳",在他的名字下面又写道:"安东尼学法律。"那天晚上,他把那块木板带下了脚手架。他的朋友都笑话他:"你是林肯第二吧?安东尼,你看雕像看呆了。"

安东尼过去只在西西里岛的一所乡村小学读到五年级,想在华盛顿大学国家法律中心学习,简直是痴心妄想,何况他还要在脚手架上连续工作10小时。但是他并没有退缩,一下班就去夜校补习英文,他的帆布兜里时刻都有凿子、锤子、午饭和课本。他常常匆匆忙忙地吃过午饭便抓紧时间读书,甚至有时候一手拿着书,一手拿着两片玉米饼,中间夹着一块咸猪肉坐在木头上边吃边学习。

终于,功夫不负有心人,安东尼·拉马纳考入了法律学校。但是,因为第二次世界大战爆发,他只得离开美国去同法西斯作战。回国后,他在很短的时间里连续获得了一个法学学士和一个法学硕士的学位。后来,他一直在纽约和华盛顿担任律师,工作非常出色。

榜样的力量是无尽的,内心的渴望具有推动力。

三、不下水的人,永远难学会游泳

塔玛拉是一个可爱的小姑娘,可是她有一个坏习惯,那就是她每做一件事时,总是爱让计划停留在口头上,而不是马上行动。和塔玛拉住在同一个村子里的沃伦先生有一家水果店,里面出售本地产的草莓。一天,沃伦先生对塔玛拉说:"你想挣点钱吗?"

"当然想,"她回答,"我一直想有一双新鞋,可家里买不起。"

"好的,塔玛拉。"沃伦先生说,"隔壁卡尔森太太家的农场里有很多长势很好的黑草莓,他们允许所有人去摘。你去摘了以后把它们都卖给我,1夸脱(美制:1夸脱等于0.946升)我给你15美分。如果你摘得足够多的话,就有钱买你想要的新鞋了。"

塔玛拉听到可以挣钱，非常高兴。于是她迅速跑回家，换上衣服，拿上一个篮子，准备马上就去摘草莓。这时，她不由自主地想到，要先算一下采5夸脱草莓可以挣多少钱比较好。于是她拿出一支笔和一块小木板，计算结果是75美分。"要是能买12夸脱呢？"她计算着，"那我又能嫌多少呢？""上帝呀！"她得出答案，"我能得到1美元80美分呢！"

塔玛拉接着算下去，要是她采了50、100、200夸脱，沃伦先生会给她多少钱。她将时间花费在这些计算上，不知不觉就到了中午吃饭的时间了，她只好下午再去采草莓了。

塔玛拉吃过午饭后，急急忙忙地拿起篮子向农场赶去。而许多男孩子在午饭前就到了那儿，他们快把好的草莓都摘光了。可怜的小塔玛拉最终只采到了1夸脱草莓。

回家的途中，塔玛拉想起了老师常说的话："办事得尽早着手，干完后再去休息。因为1个实干者胜过100个空想家。"的确，只有真正行动起来，才能让计划变成现实：一张地图，无论多么翔实，比例多么精确，也永远不可能带着主人周游列国；严明的法规条文，无论多么神圣，永远不可能防止罪恶的滋生；凝结智慧的宝典，永远不可能缔造财富。只有行动才能使这一切具有现实意义。

行动是最好的成功方式。

四、放大优点，珍视自己的价值

19世纪时，一个年轻人中学辍学后来到了巴黎，一度混到贫困潦倒的地步。他找到父亲的一位朋友，希望他能够帮自己找一份工作，使自己能在这个大城市中站得住脚。

他们在父亲朋友的家里见了面。寒暄之后，父亲的朋友问他："你有学历吗？"他说没有。父亲的朋友问："你有什么技术？"他回答没有。父亲的朋友又问："你能干装卸工作吗？"年轻人还是不好意思地摇头，说体力不行。父亲的朋友连接发问，年轻人都只能以摇头作答，无声地告诉对方——自己一无所长，连一点儿优点也找不出来。

父亲的朋友似乎显得很有耐心，他对年轻人说："那你先把自己的地址写下来吧，你是我老朋友的孩子，我总得帮你找一份差事做呀。"

年轻人的脸涨得通红，羞愧地写了下自己的住址，就急忙想转身逃走，离开这个令自己深感耻辱的地方。可是他却被父亲的朋友一把拉住了手臂，父亲的朋友对他说："年轻人，你的字写得很漂亮嘛，这就是你的优点啊，你不该只满足找一份糊口的工作。"

字写得好也算一个优点？年轻人疑惑地看着父亲的朋友，他很快在老人的眼里看到了肯定的答案。

告辞之后，年轻人走在路上就想：既然父亲的朋友说我的字写得很漂亮，可见我的字真是很漂亮；我的字漂亮，写文章也是我曾经努力的方向，中学时我的作文还被老师赞赏过，那么我肯定也能把文章写得漂亮……受到初步肯定和鼓励的年轻人，开始把自己的优点一一罗列出来，并放大开来。他一边走一边想，兴奋的脚步都轻松起来了。

从此，这个年轻人开始发奋向上，刻苦学习。数年后，他就写出了一部享誉世界的经典作品。知道吗？他就是家喻户晓的法国著名作家大仲马。他的小说《三个火枪手》和《基督山伯爵》流传至今，已被誉为世界文学史上的经典之作。

天生我材必有用，自己肯定有优点。

五、最大限度发挥自己的优势

年轻的埃迪刚从大学毕业，他本来拥有一份收入很不错的工作，也拥有一个幸福美满的家庭。可是在一次车祸中，埃迪不幸丧失了一条腿，结果被公司的老板炒了"鱿鱼"，只好在家里闲着。埃迪感到非常沮丧，对生活失去了信心，认为自己本来拥有美好的前程，如今却成了一个废人，一生都可能拖累别人，于是他向妻子提出了离婚。

妻子不同意，并鼓励埃迪说："你的腿没了，但你还有手，可以靠双手来养活自己，你应该找一个适合自己干的工作。"

有一天，埃迪的儿子拿来一辆弄坏的电动遥控车让他修理，埃迪曾经做过电工，这点小事难不倒他，他很快就把遥控车修好了。儿子十分高兴，说："爸爸，你真行！以后我的玩具坏了都让你修理。"

儿子的话提醒了埃迪，他想，现在的玩具越来越高级，大都是电动玩具或声、光、电的遥控玩具，价钱很贵，但这些高级玩具都经不住摔打，小孩玩不了几天就出故障。现在没有修理玩具的店，自己何不试一试呢？于是，他便买来一些玩具，天天对着这些玩具来研究它们经常出现的毛病，然后再寻找办法来修理。他还经常看一些关于玩具的书。不久，他就能修理一些高级的玩具了。

于是，他开了一家玩具修理店，还起了一个新奇的名字：埃迪玩具急诊所。

埃迪的玩具急诊所生意很好，在开业的第一天，就来了一大批小顾客，埃迪凭着娴熟的手艺，很快就将这些小"病号"修理好了。于是，这批小顾客便成了"小广告"四处宣扬。"埃迪玩具急诊所"的名声不胫而走，满城皆知。顾客一批接着一批，不到一年的工夫，埃迪已使1000多个玩具死而复生，这些"病号"包括小到拳头大的电动猴子，大到电动摩托，还有游戏机、卡拉OK机等。

修理费视玩具的大小贵贱而定，通常每天都可收入500美元左右，埃迪也在修理过程中积累了丰富的经验。这样，埃迪不仅养活了自己，而且还积累了一笔财富。

上帝关上了你的门，一定会给你开启一扇窗。

六、认识缺陷，努力弥补

罗斯福小时候是一个十分脆弱和胆小的学生，在学校课堂里总显露出一副惊惧的表情。有一次，老师让他在课堂上背诵一篇课文，他从座位上站起来，呼吸就好像喘气一样，双腿发抖，嘴唇也颤动不已，背诵起来含含糊糊、吞吞吐吐，最后只能在同学们的哄笑声中颓然地坐下。由于龅牙，罗斯福并没有一张英俊的面孔。同学们也因此常常嘲笑他，说他的牙齿可以用来挖地瓜了。

小小年纪的罗斯福变得很敏感，他通常不会参加同学间的任何活动，不喜欢交朋友，成为一个只知自怜的人。然而，罗斯福虽然有这方面的缺陷，但却有着奋斗的精神——这种精神仿佛是每个人天生就具有的。事实上，缺陷促使他更加努力奋斗。他没有因为别人对他的嘲笑而失去勇气，他喘气的习惯变成了一种坚定的嘶声。他咬紧自己的牙使嘴唇不颤动从而克服了惧怕心理。

罗斯福比任何人都更了解自己，他清楚自己身体上的种种缺陷。他从来不欺骗自己，认为自己是勇敢、强壮和好看的。他用行动证明自己可以克服先天的不足并能获得成功。

只要是他能克服的缺点，他就一定要克服；不能克服的他便加以利用。通过演讲，他学会了如何利用一种假声，掩饰他那无人不知的龅牙。他裹着毯子、坐着轮椅进行"炉边谈话"的样子，令民众再也记不起他以前那打桩工人般的姿态。虽然他的演讲中并没有任何惊人之处，但他不因自己的声音和姿态而遭失败。他没有洪亮的声音或是威严的姿态，他也不像有些人那样具有惊人的辞令，然而在当时，他却是人们眼中最出色、最有力量的演说家之一。

尽力"弥补"缺陷，努力追求成功，胜利就在眼前。

七、师从大师

一位音乐系的学生走进练习室，钢琴上，摆着一份全新的乐谱。

"超高难度……"他翻动着，喃喃自语，自己对弹奏钢琴的信心似乎跌到了谷底，消磨殆尽。已经三个月了！自从跟了这位新的指导教授之后，他不知道，为什么教授要以这种方式整人。勉强打起精神。他开始用十只手指头奋战、奋战、奋战……琴音盖住了练习室外教授走来的脚步声。

指导教授是个极有名的钢琴大师。授课第一天，他给自己的新学生一份乐谱。"试试看吧！"他说。乐谱难度颇高，学生弹得生涩僵滞，错误百出。"还不熟，回去好好练习！"教授在下课时，如此叮嘱学生。

学生练了一个星期，第二周上课时正准备让教授验收，没想到教授又给了他一份难度更高的乐谱。"试试看吧"！上星期的课，教授提也没提。学生再次挣扎于更高难度的挑战。第三周，更难的乐谱又出现了。同样的情形持续着，学生每次在课堂上都被一份新的乐谱所困扰，然后把它带回家练习，接着再回到课堂上，重新面临两倍难度的乐谱，却怎么样都追不上进度，一点也没有因为上周的练习而有驾轻就熟的。学生感到越来越不安、沮丧和气馁。

教授走进练习室。学生再也忍不住了。他必须向钢琴大师提出这三个月来何以不断折磨自己的质疑。

大师领进了门，修行在自身。只要努力再加上大师的指点，就会登上修行的高峰。

八、追求忘我

一个女孩子患了一种无法解释的瘫痪症，丧失了走路的能力。一次，女孩和家人一起乘船旅行。船长的太太给孩子讲船长有一只天堂鸟，她被这只鸟的描述迷住了，极想亲自看一看。于是保姆把孩子留在甲板上，自己去找船长。孩子耐不住性子等待，她要求船上的服务生立即带她去看天堂鸟。那服务生并不知道她的腿不能走路，而只顾带着她一道去看那只美丽的小鸟。奇迹发生了，孩子因为过度地渴望，竟忘我地拉住服务生的手，慢慢地走了起来。这个女孩子就是茜尔玛·拉格萝芙，第一位荣获诺贝尔文学奖的女性。

目标有多大，动力就有多大。追求忘我，就会创造人间奇迹。

九、勤奋出智慧

当年轻的罗纳德流浪到美国的时候，口袋里只剩下不到 5 美分了，而且他也没有一技之长。他所拥有的，只是一个发财的梦想。罗纳德非常清楚，发现希望不是靠偶然的机遇，而是要靠自己的勤奋努力。于是他下定决心，要用自己的双手，创造一番属于自己的事业。

在刚到美国的两年内，罗纳德频繁地更换工作，而且每次从事的工作性质都不同。但对任何一项工作，无论是做机修工还是搬运工，他都认真对待，绝不马虎。不过，一旦他对这项工作的技能完全掌握，就马上跳槽。他希望天天有进步，不愿在自己熟悉的事情上浪费时间，尽管他工作的时间并不长，但经验却比任何人都丰富。

两年之后，有一位老板看中了他的才干和敬业精神，决定把整个工厂交给他管理。罗纳德做了主管后，将工厂管理得很好，他自己的收入也非常可观。可是半年后的某一天，他很突然地向老板提出了辞职，跳槽到一家日用杂品厂当了推销员，老板疑惑不解，可是罗纳德知道，要想成为一流的商人，只具有企业管理经验是不够的，还必须要做到了解市场，了解顾客的需求。推销无疑是一份最接近顾客的工作。于是，他干起了推销。

经过几年的实践与磨炼，罗纳德对自己的才能充满了信心。这时候，在他的眼里，遍地都是黄金，到处都有赚钱的机会。于是，他买下了一家濒临倒闭的工艺品厂，经过一番整顿，很快使它起死回生，成为一家赢利状况极佳的企业，他并没有因此而满足，而是再接再厉，买下了一家又一家破产企业，并像个能治愈百病的专家一样，使它们重焕生机。

罗纳德的财富如同滚滚洪流般飞涨。20 年后，这位白手起家的青年轻轻松松迈入亿万富豪的行列，并且十分热衷于慈善事业。在一次捐赠活动中，罗纳德讲述了自己成功的经验，他说："一个人要在有限的生命中创造出大事业，仅靠苦干蛮干是行不通的，要靠你富有智慧的大脑，要靠你那犀利的双眼看准时机去把握机遇，并且要用你勤劳的双手将它变成现实的财富，这才是你智慧的体现。"

勤能补拙是良训，一份辛苦一份才。

十、勇往直前的进取心

1960 年，罗马奥运会女子 100 米决赛，当威尔玛·鲁道夫以 11 秒 18 第一个撞线后，掌声雷动，人们都站起来为她喝彩，齐声欢呼着她的名字："威尔玛·鲁道夫！威尔玛·鲁道夫！"那一届奥运会上，威尔玛·鲁道夫成为当时世界上跑得最快的女人，她共摘取了三枚金牌，也是第一个黑人奥运女子百米冠军。

威尔玛·鲁道夫取得如此傲人的成绩，成为了当时人们学习的榜样，她的故事也开始流传开来。原来，威尔玛·鲁道夫从小就是一个"与众不同"的女孩。因为小儿麻痹症，不要说像其他孩子那样欢快地跳跃奔跑，就连平常走路都做不到。寸步难行的她非常悲观和忧郁。

威冬玛·鲁道夫的忧郁和自卑感随着年龄的增长越来越重，她甚至拒绝所有人的靠近。但也有例外，邻居家的残疾老人是她的好伙伴。老人在一场战争中失去了一只胳膊，但他非常乐观，她也喜欢听老人讲故事。

后来有一天，老人用轮椅推着威尔玛·鲁道夫去附近的一所幼儿园，操场上孩子们动听的歌声吸引了他俩。当一首歌唱完，老人说道："让我们为他们鼓掌吧！"她吃惊地看着老人，问道："我的胳膊动不了，你只有一只胳膊，怎么鼓掌啊？"老人对她笑了笑，解开衬衣扣子，露出胸膛，用手掌拍起了胸膛……

那是一个初春的早晨，风中还有几分寒意，但威尔玛·鲁道夫却突然感觉自己的身体里涌起一股暖流。老人对她笑了笑，说："只要努力，一个巴掌也可以拍响。你一定能站起来的!"

那天晚上,威尔玛·鲁道夫让父亲写了一张纸条贴在墙上:"一个巴掌也能拍响!"从那之后,她开始配合医生做运动,无论多么艰难和痛苦,她都咬牙坚持着。有一点进步了,她又以更大的受苦姿态来求更大的进步。甚至父母不在家时,她自己扔开支架,试着走路……蜕变的痛苦牵扯到筋骨,她坚持着,她相信自己也能够像其他孩子一样行走、奔跑。

威尔玛·鲁道夫的成功是一个靠努力改变命运的典型例子。那么,究竟是什么力量能够不断地激励威尔玛·鲁道夫,朝着自己的目标前进呢?这个力量就是:进取心。

只要有进取心,并身体力行,一个巴掌也能拍响。

十一、没有艰辛便无收获

有这样一个人,在他46岁的时候,因意外事故被烧得不成人形,4年后又在一次坠机事故中导致后腰部以下全部瘫痪。你能想象吗?就是这样一个人,后来却变成了百万富翁、受人爱戴的公众演说家、洋洋得意的新郎及成功的企业家。更让人无法想象的是,他一有时间就去泛舟、玩跳伞,并且在政坛拥有一席之地。

这个人就是米契尔。在经历了两次可怕的意外事故后,他的脸因植皮而变成一块"彩色板",手指没有了,双腿细小,无法行动,只能瘫痪在轮椅上。意外事故把他身上65%以上的皮肤都烧坏了,为此他动了16次手术。手术后,他无法拿起叉子,无法拨电话,也无法一个人上厕所,但以前曾是海军陆战队员的米契尔从不认为自己被打败了。他说:"我完全可以掌握自己的人生之船,我可以选择把目前的状况看成倒退或是另一个起点。"6个月之后,他又能开飞机了。

米契尔为自己在科罗拉多州买了一幢维多利亚式的房子,另外也买了一架飞机及一家酒吧。后来他和两个朋友合资开了一家公司,专门生产以木材为燃料的炉子,这家公司后来变成佛蒙特州第二的私人公司。坠机意外发生4年后,米契尔所开的飞机在起飞时摔回跑道,把他胸部的12块脊椎骨全压得粉碎,腰部以下永远瘫痪。

"我不解的是为何这些事老是发生在我身上,我到底是造了什么孽?要遭到这样的报应?"米契尔仍不屈不挠,日夜努力使自己能达到最高限度的独立,他被选为科罗拉多州孤峰顶镇的镇长。后来竞选国会议员时,他用一句"不只是另一张小白脸"的口号,将自己难看的脸转化成一项有利的资产。

尽管面貌骇人、行动不便,米契尔还是坠入了爱河,且完成了终身大事。也拿到了公共行政硕士学位,并持续着他的飞行活动、环保活动及公共演说。

米契尔说:"我瘫痪之前可以做1万件事,现在我只能做9000件,我可以把注意力放在我无法再做好的1000件事上,或是把目光放在我还能做的9000件事上。告诉大家,我的人生曾遭受过两次重大的挫折,如果我能选择不把挫折拿来当成放弃努力的借口,那么,或许你们可以用一个新的角度来看待一些一直让你们裹足不前的经历。你可以退一步,想开一点,然后你就有机会说:'或许那也没什么大不了的。'"

梦想追逐到极致就是美好的现实。

十二、领袖气质

在将近一百年前的南极探险中,英国探险家沙克尔顿曾经受困于冰海两年,在不可能得到任何营救的情况下,率领他的探险队和船员奋力求生,最后28人竟然无一伤亡。这样的"壮举"在高科技如此发达的今天,恐怕也算是一个奇迹,而在当时恶劣的条件下,只能用伟大来形容了。

1914年秋天,沙克尔顿的探险船被冰冻在南极边缘动弹不得;1915年夏天,探险队被迫弃船步行求生;1916年春天,探险队在绝望中由沙克尔顿等6人驾驶一条救生艇驶向南乔治亚岛求救;16天后,沙克尔顿登陆南乔治亚岛南岸,步行穿越高山与冰原抵达北岸,终于找到了捕鲸站和挪威籍船长;1916年8月,沙克尔顿搭乘挪威捕鲸船返回,全体队员获救。

在乘坐救生艇驶向南乔治亚岛的航程中,船员轮流值班,沙克尔顿要求每个船员在开始值班前必须喝一杯热牛奶。面对着茫茫的冰海,前途一片渺茫,可是船员始终能够保持士气,靠的就是随船携带的一只小煤油炉,每天提供的一顿热餐、一杯热牛奶,还有沙克尔顿给予船员们的坚定的信念。

在沙克尔顿率领小分队驶往南乔治亚岛之前,曾经秘密写下一张纸条交给一位留守船员,相约20天后如果他还没回来就打开看。纸条上写着:"我一定会回来营救你们,如果我不能回来,那我也已经尽我所能了。"而事实上,由于多次尝试失败，沙克尔顿 4 个月后才带领营救船赶回，他登上岸看见的是，留守队员们毫发无损，而那张纸条却始终没有被打开过。一位船员告诉他："因为我和剩下的船员直到那时仍然坚信沙克尔顿会成功，他不会丢下我们不管。"

这既是一场足以被载入史册的航行，又是一个绝处逢生的故事，从 1914 年 8 月 1 日起航到 1916 年 8 月 30 日救出所有队员，它一共历时两年零 1 个月。尽管从原本探险南极的计划来看，这是一次失败的旅行，但不能否认的是，它是人类历史上英勇和顽强斗争的典范。当时整个探险队的生存希望几乎为零，但即使在这样的情况下，沙克尔顿仍然保持队员的士气，维系团队精神。这种处乱不惊的领袖气质以及临危不惧的坚毅和诚信，仍是当今社会要学习的榜样。

坚持就会看到曙光，企盼着一种无尽的力量。

十三、中外名人励志故事

毛泽东

不动笔墨不看书。几十年来，毛主席每阅读一本书，一篇文章，都在重要的地方划上圈、杠、点等各种符号，在书眉和空白的地方写上许多批语。有的还把书、文中精当的地方摘录下来或随时写下读书笔记或心得体会。毛主席所藏的书中，许多是朱墨纷呈，批语、圈点、勾画满书，直线、曲线、双直线、三直线、双圈、三圈、三角、叉等符号比比皆是。无所不读，毛主席的读书兴趣很广泛，哲学、政治、经济、历史、文学、军事等社会科学以至一些自然科学的书籍。在他阅读过的书籍中，历史方面的书籍是比较多。中外各种历史书籍，特别是中国历史书，毛主席都非常爱读。从《二十四史》、《资治通鉴》、历朝纪事本末，到各种野史、稗史、历史演义等他都广泛涉猎。他历来提倡"古为今用"，非常重视历史经验。他在他的著作、讲话中，常常引用中外史书上的历史典故来生动地阐明深刻的道理，他也常常借助历史的经验和教训来指导和对待今天的革命事业。毛主席也读了许多中国文学方面的书籍。他是一个博览群书的人。

欧阳修

欧阳修晚年，每天把自己所写的文字，加以修改，用心极苦。他的夫人叫他不要修改了，说："何必这样折磨自己？难道还怕老师责骂？"欧阳修笑道："不怕先生骂，却怕后人笑。"

约翰逊

约翰逊，他的父亲经营一个大旧书摊。有一次，距离不远处有个节目，人家都去赶集，这天正下着雨，他的父亲想要约翰逊把一部分书籍，运到赶集的地方去贩卖。他的父亲接连呼唤他三次，要他去，可是约翰逊这时正专心阅读一本又厚又大的书，竟假装听不见，也不理睬。父亲叹了一口气，只得自己亲自去了。这时候，约翰逊年十八岁。五十年后，有一天中午十一时，当地人看见有个体态臃肿的老年人，跪在街心，他把帽子夹在腋下，拐杖放在一边，低头跪在太阳下，热泪直流。这时约翰逊也已成名，大家都来看他，他对人家说：五十年前的同一天，同一时刻，我不听父亲的话，现在我跪在这里忏悔！

卓别林

卓别林能编，能导，能演，是不可多得的全能影人。有一次，他召开影片摄制会议，一只苍蝇在他四周绕着圈子飞。起初他用手打几下，没有打到，就要了一个苍蝇拍。会议进行中，他就握着苍蝇拍，摆出打苍蝇的姿态，眼睛狠狠地望着那苍蝇。可是打了三次，都没有打到。后来苍蝇就在他面前的桌上，他慢慢地拿起苍蝇拍，正要作死命一击时，忽然放下手中武器，让苍蝇飞走。在座的人看了，就说："为什么你不把它打死？"这位谐星耸了耸肩，说："这只不是方才那只！"

司马光

宋朝司马光出生于官宦世家。从小机智过人，勤奋好学。刚满二十岁即考上进士。他为官清廉，公务之余常利用时间读书，立志写一部通志，作为人们的借鉴。为了把握时间读书，他特意制作一个圆木枕头，枕头的妙用是睡觉时身子只要一翻动，它就会滚动，人也就惊醒了，可以继续研究学问，因此称"警枕"。每当司马光需休息时，便枕着"警枕"，如此努力的学习，终于取得了成功，成为一位学问渊博的人。

牛顿

牛顿研究学问非常专心。有一次，朋友请客，席间，他想起家中有瓶好酒，于是叮嘱朋友稍等，自己回家取酒。这位朋友左等右等，就是不见牛顿回来，只好去看个究竟。原来牛顿在回家的路上，想起一项实验的做法，到家后，就一头栽进实验室，做起实验，把取酒招待朋友的事忘得一干二净。又有一次，他饿了，煮鸡蛋吃，却一边想问题，一边把鸡蛋放进锅子中，等问题解决了，想吃鸡蛋时，揭开锅盖，捞起的竟是自己的怀表。

邓亚萍

众所周知，邓亚萍从小就酷爱打乒乓球，她梦想着有朝一日能够在世界赛场上大显身手。却因为身材矮小，手腿粗短而被拒于国家队的大门之外。但她了往没有气馁，而是把失败转为动力，苦练球技，持之以恒的努力终于催开了梦想的花蕾——她如愿以偿站上了世界冠军的领奖台。在她的运动生涯中，她总共夺得了18枚世界冠军奖牌。邓亚萍的出色成就，不仅为她自己带来了巨大的荣耀，也改变了世界乒坛只在高个子中选拔运动员的传统观念。

十四、不留恋过去

那一年，他向学校请了3个月的假，然后只身一人去了美国南部的一个农村。他没有告诉家人要去什么地方，只是每个星期给家里打个电话，报个平安。

他抛弃了以往的所有荣耀，尝试着过另一种全新的生活。在偏僻的农村，他到农场去打工，去饭店刷盘子。在田地做工时，他会背着老板吸支烟，或和自己的工友偷偷说几句话，这些都让他感到有一种前所未有的愉悦。最有趣的一件事情是，他在一家餐厅找到一份刷盘子的工作，可是只干了几个小时，老板就把他叫去，要跟他结账。老板很不客气地对他说："可怜的老头，你刷盘子太慢了，你被解雇了。"

这个"可怜的老头"只能重新回到哈佛，回到那个再熟悉不过的工作环境，然而这时他却感觉以往那些熟悉的东西都变得新鲜有趣起来。工作简直成为一种全新的享受。那3个月的经历让这个"可怜的老头"感觉新鲜而有趣更重要的是，这种原始的状态会不自觉地清理了原来心中积攒多年的"垃圾"，让这个老头的生活重新焕发出勃勃的生机。

尽管忘记过去就意味着背叛，但不留恋过去往往能创造新的机会。

十五、疯子和呆子

一个心理学教授到疯人院参观，了解疯子的生活状态。一天下来，觉得这些人疯疯癫癫，行事出人意料，可算大开眼界。

想不到准备返回时，发现自己的车胎被人下掉了。"一定是哪个疯子干的！"教授这样愤愤地想道，动手拿备胎准备装上。

事情严重了。下车胎的人居然将螺丝也都下掉了。没有螺丝有备胎也上不去啊！

教授一筹莫展。在他着急万分的时候，一个疯子蹦蹦跳跳地过来了，嘴里唱着不知名的欢乐歌曲。他发现了困境中的教授，停下来问发生了什么事。

教授懒得理他，但出于礼貌还是告诉了他。

疯子哈哈大笑说："我有办法！他从每个轮胎上面下了一个螺丝，这样就拿到三个螺丝将备胎装了上去。

教授惊奇感激之余，大为好奇："请问你是怎么想到这个办法的？"

疯子嘻嘻哈哈地笑道："我是疯子，可我不是呆子啊！"

世上有许多的人，由于他们发现了工作中的乐趣，总会表现出与常人不一样的狂热，让人难以理解。许多人在笑话他们是疯子的时候，别人说不定还在笑他呆子呢。

十六、学会阅读

哈佛大学的维德勒图书馆藏书有 345 万册，这只是哈佛大学 100 多座图书馆中极为普通的一座。然而，这座普通的图书馆却显得与众不同。

由新英格兰红砖砌筑的坚实墙体外，耸立着两块石碑，其中的一块碑文是："维德勒，哈佛大学学生，生于 1885 年 6 月 3 日，1912 年 4 月 15 日与泰坦尼克号一起沉入大海。"另一块碑文为："这座图书馆由维德勒的母亲捐建于1915 年 6 月 24 日。馆内最有意义的一本书是《弗朗西斯·培根散文集》。"

这是怎么一回事呢？真相就是：当年，泰坦尼克号在茫茫大海中沉没之时，维德勒和他的母亲一起正准备登上小船逃生。突然，维德勒转过身，让母亲先上小船，自己却转身要返回船舱。他告诉母亲："我忘带《弗朗西斯·培根散文集》了。我不能让这本我喜爱的书沉入海底！"就这样，爱书如命的哈佛学子维德勒，为抢救一本书，最终和书一起沉入海底。

在图书馆中厅的一角，摆放着的就是那本《弗朗西斯·培根散文集》。那本书已经完全褪色了，极普通的纸质，没有精美的包装，摆放于一个不大而密封的玻璃框内。这本书是维德勒的母亲捐建成该图书馆后，购买的第一本书，已经在这里静静地躺了将近100个年头了。在书的下方写着这样一行字：书与维德勒同在！

爱书吧，她会让你流芳百世。

十七、学会创新

一天，一家跨国公司正进行 CEO 招聘，一共有 200 多个人竞争这个职位，但最后只有一个人脱颖而出，当上了这家大公司的 CEO。他就是哈佛的毕业生肖恩。

主考官为了考察应聘者的随机应变能力，便出了这样一道题：如果在一个下大雨的晚上，你下班开车路过一个车站，看见车站里有 3 个人，一个人是曾经救过你命的医生，一个是生命垂危的病人，一个是你最心爱的人，请问，在你的车只能坐 2 个人的情况下，你会选择谁来坐你的车？

那些应聘者给出的答案是非常丰富的，有的人说选病人，把病人送进医院再说，因为人命关天；有的人选择医生，因为这位医生是他的救命恩人，把医生送到医院再叫救护车救那个病人；有的人选心爱的人，这些答案都没有让考官们觉得满意。

直到最后，肖恩走了进来，他仔细地看了看考题，思考了一阵后，便抬起头自信地说："我会把车交给医生，让他送病人去医院抢救，至于我，会陪着心爱的人一起等车。"考官们听后，无不拍手称快，肖恩就这样被录取了。

学会创新，许多棘手的问题都会迎刃而解。

十八、学会借力

哈佛大学的毕业生杰伊来到一个公司的招聘会上，这时，聘用方的领导还迟迟未到。有的应聘者已经等得不耐烦了，在接待室里走来走去；有的人干脆抱怨起来；杰伊只是静静地等待，不动声色。

过了一会儿，一个考官模样的人走进来，对大家说："请大家将这个大厅的面积、高度用最快的时间计算出来，第一位最接近正确答案的人将是我们的员工。"他还为应聘者们准备了一些尺、规、计算器之类的计量工具，甚至还有一把梯子。

应聘者感觉这下可看到希望了，争先恐后地忙起来，每个人都忙得不亦乐乎。只有杰伊没有动，他只是静静地思考了一会儿，然后离开了大厅，剩下的每个人都用尽了浑身解数，量了又量，算了又算，但尺子太短，梯子不高，要算出精确的结果，真是难上加难。

几分钟后，杰伊回来了，他敲开了考官的门，并将"计算"出的结果告诉了他。考官感到不可思议，问杰伊："这么快你就有答案了？"

杰伊从容地微笑着说："我只是去了一趟公司工程部。我想他们在大厅装修和施工的时候，一定知道它的确切数据。"

考官很满意地点点头，笑着说："恭喜你，你被我们正式录用了。"

借力是快速成功的金钥匙。

十九、河边的苹果

一位老和尚，他身边聚拢着一帮虔诚的弟子。这一天，他嘱咐弟子每人去南山打一担柴回来。弟子们匆匆行至离山不远的河边，人人目瞪口呆。只见洪水从山上奔泻而下，无论如何也休想渡河打柴了。无功而返，弟子们都有些垂头丧气。唯独一个小和尚与师傅坦然相对。师傅问其故，小和尚从怀中掏出一个苹果，递给师傅说，过不了河，打不了柴，见河边有棵苹果树，我就顺手把树上唯一的一个苹果摘来了。后来，这位小和尚成了师傅的衣钵传人。

世上有走不完的路，也有过不了的河。过不了的河掉头而回，也是一种智慧。但真正的智慧还要在河边做一件事情：放飞思想的风筝，摘下一个苹果。历览古今，抱定这样一种生活信念的人，最终都实现了人生的突围和超越。

二十、财商致富

比尔·盖茨可以说是哈佛学子中最著名的一位。作为曾经连续 13 年蝉联世界财富冠军，这位中途辍学的哈佛学子对财富有着不一样的认识。换句话说，比尔·盖茨拥有与众不同的财商。

毫无疑问，比尔·盖茨同其他人一样喜欢财富，追逐财富。为此，他耗费了大量精力和心血。但是，对于他所拥有的财富，比尔·盖茨却表现出了独特的见解。他曾表示："我只是这笔财富的看管人，我需要找到最合适的方式来使用它。"比尔·盖茨很少关心金钱的问题，也不过问自己股票的涨跌。当有朋友向他"求经"时，他总是说："当你有了1亿美元的时候，你就会明白钱只不过是一种符号而已，简直毫无意义。"由此，我们可以看出比尔·盖茨对金钱的真实看法。

尽管比尔·盖茨拥有让全世界的人羡慕的巨大财富，但是他在日常生活中却十分节俭。他穿衣从来不刻意讲求名牌，也不在乎自己所穿的衣服是否昂贵，只要衣服穿起来感觉舒适就行。在一次由世界32位顶级企业家举办的"夏日派对"上，比尔·盖茨所穿的是妻子梅琳达给他买的一件衣服。这件衣服的样式还不错，但是价钱却十分便宜，还不够歌星、影星一次洗衣服的钱。对此，比尔·盖茨毫不在意，在他看来，一个人只有用好每一分钱，才能事业有成、生活幸福。

节俭是一种美德。

二十一、天下没有不劳而获的东西

从前，有一位爱民如子的国王，在他的英明领导下，人民丰衣足食，安居乐业。深谋远虑的国王却担心当他死后，人民是不是也能过着幸福的日子，于是他召集了国内的有识之士，命令他们找寻一个能确保人民生活幸福的永世法则。

一个月后，3位学者把三本六寸厚的帛书呈给国王说："国王陛下，天下的知识都汇集在这三本书内，只要人民读完它，就能确保他们的生活无忧了。"国王不以为然，因为他认为人民不会花那么多时间来看书。所以他再命令这些学者继续钻研。两个月内，学者们把三本书简化成一本。国王还是不满意。一个月后，学者们把一张纸呈上给国王。国干看后非常满意地说："很好，只要我的人民日后都真正有奉行这宝贵的智慧，我相信他们一定能过上幸福富裕的生活。"说完后便重重地奖赏了学者们。原来这张纸上只写了一句话：天下没有不劳而获的东西。

大多数的人都想快速发达，但是却不明白做一切事都必须老老实实地努力才能有所成就。只要还存有一点取巧、碰运气的心态，你就很难全力以赴。不要梦想中彩票，或把时间花在赌桌上。这些一夜之间发达的梦想，都是人们努力的绊脚石。

自从传言有人在萨文河畔散步时无意间发现金子后，这里便常有来自四面八方的淘金者。他们都想成为富翁，于是寻遍了整个河床，还在河床上挖出很多大坑，希望借助它找到更多的金子。的确，有一些人找到了，但更多的人却一无所得，只好扫兴而归。

也有不甘心落空的，便驻扎在这里，继续寻找。彼得·弗雷特就是其中的一员。他在河床附近买了一块没人要的土地，一个人默默地工作。他为了找金子，已把所有的钱都押在这块土地上。他埋头苦干了几个月，直到土地全变成坑坑洼洼，他失望了——他翻遍了整块土地，但连一丁点金子都没看见。6个月以后，他连买面包的钱都没有了。于是他准备离开这儿到别处去谋生。

就在他即将离开的前一个晚上，天下起了倾盆大雨，并且一下就是三天三夜。雨终于停了，彼得走出小木屋，发现眼前的土地看上去好像和以前不一样：坑坑洼洼已被水冲刷平整，松软的土地上长出一层绿茸茸的小草。

"这里没找到金子，"彼得忽有所悟地说，"但这土地很肥沃，我可以用来种花，并且拿到镇上去卖给那些富人。他们一定会买些花装扮他们的家园。如果真这样的话，那么我一定会赚许多钱，有朝一日我也会成为富人……"

彼得仿佛看到了将来，美美地说："对，不走了，我就种花。"

于是，他留了下来。彼得花了不少精力培育花苗，不久田地里长满了美丽娇艳的各色鲜花。

他拿到镇上去卖，那些富人一个劲儿地称赞："瞧，多美的花，我们从没见过这么美丽的花！"他们很乐意付少量的钱来买彼得的花，以便使他们的家变得更富丽堂皇。

5年后，彼得终于实现了他的梦想——成了一个富翁。

只有勤劳才能采集到真正的"金子"，用你的劳动去获得你想要的，比幻想你想得到的更重要。

认为怠惰是一种幸福，勤劳是一种惩罚的想法是一种错误。对于饱食终日无所事事的人，我们必须让他们醒悟，让他们接受下面的想法：人生幸福的必要条件并非怠惰而是勤劳。人是不能不劳动的。

幸福的不可置疑的条件是劳动，第一必须是由自己来进行的自由的劳动，第二必须是能增进我们的食欲和给予我们深沉睡眠的肉体劳动。劳动是人所欲求的，当它被剥夺的时候，人便会引起苦恼。但劳动并不是道德，若把劳动当做功绩或道德，就和把吃东西当做功绩或道德一样奇怪。事实上，劳动本身便足以给我们带来愉快与满足。

收获大，再艰苦的工作也会变得惬意。收获可以使人忘却不快的往事，对前景充满信心。从失败的经验中吸取教训，因而获得最宝贵的经验，这亦是工作——即劳动带来的一种收获。没有付出，便没有收获可言。世上收获最多的人，往往是付出最多的人。记住：天下没有不劳而获的东西！

二十二、且慢下手

大多数的同仁都很兴奋，因为单位里调来一位新主管，据说是个能人，专门被派来整顿业务。可是日子一天天过去，新主管却毫无作为，每天彬彬有礼地进入办公室，便躲在里面难得出门，那些本来紧张得要死的坏分子，现在反而更猖獗了。

他哪里是个能人嘛！根本是个老好人，比以前的主管更容易唬！

四个月过去，就在为新主管感到失望时，新主管却发威了，坏分子一律开除，能人则获得晋升。下手之快，断事之准，与四个月表现保守的他，简直像是全然换了个人。

年终聚餐时，新主管在酒过三巡之后致词：相信大家对我新到任期间的表现，和后来的大刀阔斧，一定感到不解，现在听我说个故事，各位就明白了："我有位朋友，买了栋带着大院的房子，他一搬进去，就将那院子全面整顿，杂草树一律清除，改种自己新买的花卉，某日原先的屋主往访，进门大吃一惊地问：'那最名贵的牡丹哪里去了？'我这位朋友才发现，他竟然把牡丹当草给铲了。"

"后来他又买了一栋房子，虽然院子更是杂乱，他却是按兵不动，果然冬天以为是杂树的植物，春天里开了繁花；春天以为是野草的，夏天里成了锦簇；半年都没有动静的小树，秋天居然红了叶。直到暮秋，他才真正认清哪些是无用的植物，而大力铲除，并使所有珍贵的草木得以保存。"说到这儿，主管举起杯来："让我敬在座的每一位，因为如果这办公室是个花园，你们就都是其间的珍木，珍木不可能一年到头开花结果，只有经过长期的观察才认得出啊！"

是金子总有发光的时候，是人才总会有能人赏识。

二十三、猫和猪的故事

猫和猪是好朋友。一天猫掉进大坑,猪拿来绳子,猫叫猪把绳子扔下来,结果它整捆扔了下去。猫很郁闷地说:这样扔下来,怎么拉我上去?猪说:不然怎么做?猫说:你应该拉住一头绳子啊!猪就跳下去,拿了绳子的一头,说:"现在可以了!"猫哭了,哭得很幸福;有的人不是很聪明,却值得你终身拥有。

二十四、思考的学问

盖茨博士是美国著名的大教育家、哲学家、心理学家、科学家和发明家,他一生中有许多发明和发现,为艺术和科学事业做出了十分杰出的贡献。

有一次,拿破仑·希尔带着介绍信前往盖茨博士的实验室去造访他。当拿破仑·希尔到达时,盖茨博士的女秘书对他说:"很抱歉,这个时候我不能打扰盖茨博士。"

拿破仑·希尔十分不解,问女秘书:"我要过多久才能见到他呢?"

女秘书摊开双手,很无奈地回答:"我不知道,恐怕要3小时。"

拿破仑·希尔继续问:"那么请你告诉我,为什么不能打扰盖茨博士呢?"

秘书迟疑了一下,然后说:"他正在静坐冥想。"

拿破仑·希尔忍不住笑了:"什么是'静坐冥想'?"

秘书微笑着说:"最好还是请盖茨博士自己来解释吧!我真的不知道要多久,如果你愿意等,我们很欢迎;如果你想以后再来,我可以留意,看看能不能帮你约一个时间。"

拿破仑·希尔决定等待。

当盖茨博士终于走出实验室时,他的秘书给他们进行了介绍。拿破仑·希尔开玩笑地把他秘书说的话告诉他。在看过介绍信以后,盖茨博士高兴地说:"你不想看看我'静坐冥想'的地方,并且了解我是怎么做的吗?"

于是,他带着希尔到了一个隔音的房间。这个房间里唯一的家具是一张简朴的桌子和一把椅子,桌子上放着几本白纸簿、几支铅笔以及一个开关电灯的按钮。

盖茨博士对拿破仑·希尔说:"每当我遇到困难而百思不解时,就走到这个房间来，关上房门坐下，熄灭灯光，让全部心思进入深沉的集中状态。我就这样运用'静坐冥想'的方法，要求自己的潜意识给自己一个解答，不论什么都可以。有时候，灵感似乎迟迟不来；有时候似乎一下子就涌进我的脑海；更有些时候，得花上两小时那么长的时间它才出现。等到念头开始澄明清晰起来，我就立即开灯把它记下来……"

盖茨博士曾经把别的发明家努力钻研却没有成功的发明重新加以研究，使它尽善尽美，因而获得了 200 多项专利权。

唯有"思考"才能让考虑的"事物""尽善尽美"。

二十五、用人之道

去过寺庙的人都知道，一进庙门，首先是弥陀佛，笑脸迎客，而在他的北面，则是黑口黑脸的韦陀。但相传在很久以前，他们并不在同一个庙里，而是分别掌管不同的庙。

弥陀佛热情快乐，所以来的人非常多，但他什么都不在乎，丢三落四，没有好好地管理账务，所以依然入不敷出。而韦陀虽然管账是一把好手，但成天阴着个脸，太过严肃，致使人越来越少，最后香火断绝。

佛祖在查香火的时候发现了这个问题，就将他们俩放在同一个庙里，由弥陀佛负责公关，笑迎八方客，于是香火大旺。而韦陀铁面无私，锱铢必较，则让他负责财务，严格把关。在两人的分工合作中，庙里呈现一派欣欣向荣的景象。

其实在用人大师的眼里，没有废人，正如武功高手，不需名贵宝剑，摘花飞叶即可伤人，关键看如何运用。

学会用人，学会管理就会产生巨大的效益。

二十六、习惯决定成败

习惯是一种强大力量，良好的习惯往往能促使人迈向成功，不好的习惯往往让人一败涂地。法国作家福楼拜一直坚持天天看日出这一良好的习惯，正是这初升的太阳，清晨的第一缕阳光，让他用这阳光般的笔触写成了一部名著——《包法利夫人》。贝多芬有一个伴其一生的好习惯——坚持"无日不动笔"，这个习惯使他谱写了无数优美的乐章。所以，养成良好的习惯是非常重要的，它是成功的基础。

习惯决定成败。成败赖于习惯。

二十七、相信自己，便会攻无不克

希尔从小就有一个梦想，他立志要成为一名作家，但是由于家里非常贫穷，他只接受了很短的学校教育，很多字词他都要通过查字典来认识。

所有人都在劝希尔放弃当作家的梦想，不要异想天开了。朋友建议他找一份稳定的工作，平淡地过一生才好。然而希尔并没有就此放弃自己的梦想。他用打零工挣来的钱买了一本最好的字典，随后，他做了一件十分奇特的事——他找到字典里"不能"这个词，用剪刀把它剪了下来。

经过多年的努力，希尔最终成为了美国商政两界的著名导师，并且成为罗斯福总统的首席顾问，被罗斯福总统誉为"百万富翁的铸造者"。希尔的许多著作都深受读者的喜爱。

只要有梦，并努力追寻，就一定会成就大业。

二十八、学会快乐有三招

有一个富翁得了绝症，他觉得自己将不久于人世，心中很难过，还好他去请教一位隐居的名医。名医把脉诊断后，说："这病除了一个办法外无药可医，我这里有三帖药，你依续照做，一帖做完再打开另一帖。"

富翁回到家，打开第一帖："请你到一处沙滩，躺下 30 分钟，连续 21 天。"富翁半信半疑还是照做了，结果每次一躺就躺了 2 个小时，因为虽然他很有钱，却从来没有这么舒服过，听风听海和海鸥鸣叫。

第 22 天他打开第二帖："请在沙滩上找 5 只鱼或虾或贝，将他们丢回海里，连续 21 天。"结果每次将小鱼虾丢回海里时，他却莫名地感动。

第 43 天，他打开第三帖："请随便找一根树枝，在沙滩上写下所有不满和怨恨的事。"每当他写完没多久，海浪涨潮时就把那些字冲刷掉了，他因领悟而感动得哭了！

回家后，他觉得全身舒畅，很轻松而自在，甚至不再怕死了。

只要平时坚持休息、付出、放下，就会时时感受到快乐。

内 容 简 介

  结合中国目前教育界中普遍存在的惩戒教育的现状，通过对学生成长心理的探索研究，采用心理学的相关研究方法，对目前惩戒教育存在的利与弊做了深入的探讨，提出了各种解决目前惩戒性教育痼疾的切实可行的方法。对于中小学教师把握学生心理和与学生高效沟通提供了可操作性的思路方法，具有较高的参考价值。

图书在版编目（CIP）数据

对体罚说"不"：关爱每个孩子健康成长/李跃进著 . —长沙：湖南大学出版社，2016.11（2021.5重印）

ISBN 978 - 7 - 5667 - 1231 - 8

Ⅰ.① 对…   Ⅱ.① 李…   Ⅲ.① 中小学生—惩罚—教育心理学—研究—中国   Ⅳ.①G444

中国版本图书馆 CIP 数据核字（2016）第 255790 号

对体罚说"不"：关爱每个孩子健康成长
DUI TIFA SHUO "BU"：GUANAI MEIGE HAIZI JIANKANG CHENGZHANG

作　　者：李跃进 著	
责任编辑：张建平 **责任校对**：全　健	
印　　装：北京洲际印刷有限责任公司	
开　　本：710×1000　16 开　**印张**：10.75　**字数**：190 千	
版　　次：2016 年 11 月第 1 版　**印次**：2021 年 5 月第 2 次印刷	
书　　号：ISBN 978 - 7 - 5667 - 1231 - 8	
定　　价：28.80 元	

出 版 人：雷　鸣
出版发行：湖南大学出版社
社　　址：湖南·长沙·岳麓山　　　　**邮　　编**：410082
电　　话：0731 - 88822559（发行部），88821174（编辑室），88821006（出版部）
传　　真：0731 - 88649312（发行部），88822264（总编室）
网　　址：http://www.hnupress.com
电子邮箱：presszhangjp@hnu.cn